하나님의 이름은 하나다

고대히브리어 상형문자로 풀어낸
하나님의 이름의 의미

하나님의 이름은 하나다
저 자 : Jeff A. Benner
편 역 : 윤 득남
도서출판 도디드
초판 1쇄 : 2018년 6월 15일
개 정 판 : 2023년 8월 1일

ISBN: 979-11-7100-002-9

도서출판 도디드

충북 증평군 증평읍 초중6길 8, 103-804호
yhwh31@gmail.com

Design by 야긴앤보아즈

Printed in DODID Press

수고하고 무거운 짐 진 자들아 다 내게로 오라 내가 너희를 쉬게 하리라
나는 마음이 온유하고 겸손하니 나의 멍에를 메고 내게 배우라
그리하면 너희 마음이 쉼을 얻으리니
이는 내 멍에는 쉽고 내 짐은 가벼움이라 하시니라
(마태복음 11:28-30)

¶ 목차

¶ Foreword to Korean Readers

Western readers of the Bible have the disadvantage of not understanding the correct the philosophy of the Bible, which was written from an Eastern perspective. One of my goals with my books is to present to the Western reader the Eastern background of the Bible, but those who come from an Eastern culture will find this much less challenging due to their closer relationship with the philosophy of the Ancient Hebrews who are classified as Orientals. I hope that you will find this book useful in your Biblical studies.

from Jeff A. Benner

¶ 역자 서문

"His Name is One"

성경에는 하나님의 이름이 많이 등장한다. 이 책의 목적은 다양한 하나님의 이름을 히브리적 언어안에서의 원래의 의미를 드러내고자 하는 데에 있다.

우리는 성경을 이해할 때에 서구적인 관점에서 많이 이해하려고 시도한다. 그럴 수 밖에 없는 것이 현재 우리 시대의 문학이나 문화는 서양근대로부터 많은 영향을 받는 시대에 살고 있다.

하지만 히브리어는 서구적(Western)인 사상이나 사고안에 있는 것이 아니라 동양적(Eastern or Oriental)사고 안에 있는 것이다. 동양적이라고 하나 또한 이스라엘과 극동에 위치한 한국의 문화와 사고와는 또 다른 것이다.

구약성경을 쓴 사람들은 히브리인들이다. 그들은 그리스-로마 사람들이 아니다. 그들이 쓴 글들을 적절하게 이해하기 위해서는 그들의 문화와 사고 및 관점을 이해해야 하며 알아야 할 것이다. 현재 우리가 보고 있는 성경에 대한 번역, 사전 그리고 주석들은 이러한 문화를 무시한채 서구적인 사고에서 이해해온 경향

이 있다. 또한 히브리어 단어를 현재의 영어나 한국어로 번역을 할 때에 정확하게 매칭되는 단어가 없는 경우도 많이 있다. 이에 다양한 버전의 번역성경들이 나올 수 밖에 없다. 하나님의 이름에 관한 책들이 종종 나오긴 했지만 그 어원적인 기원이나 설명이 너무나도 부족한 책들이 많이 있었다.

이 책을 통하여 좀더 하나님이 어떤 분이신지 그분의 속성이 어떠한 지 또한 성경의 문맥 특히 예수님의 말씀들을 더 잘 명확하게 이해하게 될 것이다.

from 역자 윤득남

들어가는 말

들어가는 말

이 책의 목적은 성경 속에서 흐르고 있는 다양한 하나님의 이름의 원래의 히브리적 의미들을 드러내는 것이다. 성경의 고대 저자는 동양지역에 살았던 히브리인들이었다. 그들의 글들을 적절하게 이해하기 위해서는 우리의 그리스-로마 문화가 아니고 그들의 문화를 통하여 글들을 이해해야 한다. 성경 텍스트들에 대한 근대의 번역들, 사전들 그리고 주석들은 원래 본문이 쓰여진 문화를 종종 무시한 채 해석되어져 왔다.

이 책의 제목인 "하나님의 이름은 하나다(His Name is One)"는 스가랴 14:9절을 인용한 것인데 특별히 이 절이 하나님의 온전한 속성들을 와전히 잘 표현하는 본문이기 때문이다.

"여호와께서 천하의 왕이 되시리니 그 날에는 여호와께서 홀로 한 분이실 것이요 그의 이름이 홀로 하나이실 것이라(스가랴 14:9)"

이 절과 같은 구절은 근대의 우리의 문화로 이해하면 거의 의미를 발견하지 못한다. 하지만 원래의 동양문화로 이해되면 그것은 아주 멋지게 하나님의 성격을 드러낸다.

하나님의 이름들을 히브리적 문화 그리고 원래의 문맥 속에 넣음으로써, 그 단어들과 단락들은 성경을 읽는 일반 독자들에게 감추어졌던 것들이 모양을 갖추기 시작한다.

동양과 서양의 문화

과거와 현재를 통틀어서, 세계는 동양과 서양이라는 두 가지 종류의 큰 문화형태가 있다. 고대 히브리인들과 다른 고대 셈족 문화들은 동양 문화의 눈으로 세계를 바라본다. 고대 그리스-로마인들은 서양문화의 눈으로 세계를 바라본다. 근대의 히브리인들은 새로 이주한 유럽인들과 서양 문화에 속하는 이들로 대부분 구성되어져 있다. 이러한 동양과 서양의 문화들은 그들의 환경, 삶그리고 목적을 다른 이에게는 낯선 것인 방식으로 본다. 이 책을 통하여 이러한 두 문화 사이의 차이점에 대하여 몇가지 살펴보고자 한다.

고대 동양 히브리인 문화안에서 쓰여진 고대 성경의 본문들을 더 잘 이해하기 위해서 우리는 우리 자신을 그들의 문화안에 위치시켜야 한다.

성경 해석

당신이 성경을 읽고자 집어들었을 때, 두 가지 형태의 성경해석이 동시에 작용한다. 첫번째는 원래의 본문이 의미하는 것에 대한 번역자의 해석이다. 번역자는 본문이 어떻게 현재의 서양 언어로 해석되어져야 할지 결정한다. 두번째는 번역된 언어의 독자들이 그 번역된 언어로 무엇을 의미하는지 해석하는 것이다. 번역자의 해석은 그것을 읽는 독자들의 해석에 직접적으로 영향을 미친다.

우리가 히브리어로 된 다양한 하나님의 이름을 점검할 때 성경본문이 기록된 고대 히브리 문화는 현재의 우리의 언어와 문화와 다르다는 것을 우리는 항상 명심해야 한다. 성경을 해석하는데 있어서 가장 흔한 실수 중에 하나는 본문을 해석하는 데 있어서 우리 자신의 문화와 언어적인 특징들이 해석안에 들어가도록 허락한다는것이다.

성경을 기록한 원저자의 의도를 온전히 이해하기 위해서는, 우리는 우리 자신을 원저자의 문화와 언어 속으로 푹 잠기도록 해야 한다. 원저자의 눈과 마음으로 본문을 읽도록 우리 자신을 훈련시켜야 하겠다.

제1장 이 름

제1장 이름

주님 당신의 이름은 영원합니다 주님 당신의 명성은 대대로 있습니다

(시편 135:13)

성경적인 이름들

현대 우리의 문화(서양, western culture)에서 이름은 단지 그 사람이 누구인지 구분하는 것이상으로 역할을 하지못한다. 우리의 부모가 그 이름의 소리라든지 아니면 좋아하는 친척이나 조상 중에 그러한 이름이 있어서 고르는 것이 일반적이다. 현재 시대에 우리가 부르는 이름들은 그렇게 그 사람의 특성을 잘 표현하지는 않는다. 그나마 한국에서는 한자를 이용해서 특별한 의미를 부여하고 한글이름의 경우에는 줄여서 그 의미를 표현한다(역자 주).

예람 – 예수님의 사람
새람 – 새로운 사람
새나 – 새로운 나라

하지만 서양의 경우에는 성경에서 그냥 이름을 선택하는 경우가 많다. 미국에서 6년정도 유학을 했는 데 신학교 기숙사에서 살았다. 신학생들 가운데 남자아이들 중에 가장 많은 이름이 David 이었다. David, Seth, Job, Adam 등 수많은 성경 인물들이 등장한다. 여자이름 중에도 Christy, Christine, Christina 등 Chirst와 관련된 이름들도 많았다(역자 주).

하지만 히브리인들과 같은 고대 문화에서는 이것이 옳지많은 않다. 그 시대에서 이름은 그의 특성과 기능을 통해 그 개인이 누구인지를 나타낸다.

현재의 서구문화와 고대 히브리인의 동양 문화와의 가장 큰 차이들 중에 하나는 사람이나 사물이 어떻게 묘사되어지는 가에 있다. 히브리적 사고로 보면 히브리어는 외형적인 것보다는 그것의 기능에 더 중점을 둔다. 예를 들면 연필의 경우에 서구적인 사고로 보면 "긴 것, 하얀 것, 10cm 정도 되는 것" 등으로 묘사를 한다면 히브리적 관점에서는 "그것으로 쓰는 것"으로 표현한다는 것이다. 기능적인 것을 설명하는 데 있어서 성경에서는 형용사보다는 동사 형태의 히브리어가 훨씬 더 많이 사용된다는 것이다.

히브리어의 기능적인 묘사에 대한 좋은 예는 "아일(איל, ayil)"이라는 단어이다. 이 단어는 번역에 따라서 상수리나무(oak tree), 수양(ram), 용사들(mighty men) 또는 기둥 등으로 번역이 된다. 다음의 예를 참조하라.

창세기 22:13 아브라함이 눈을 들어 살펴본즉 한 숫양이 뒤에 있는데 뿔이 수풀에 걸려 있는지라 아브라함이 가서 그 숫양을 가져다가 아들을 대신하여 번제로 드렸더라

에스겔 40:14 그가 또 현관을 측량하니 너비가 스무 척이요 현관 사방에 뜰이 있으며

이사야 1:29 너희가 기뻐하던 상수리나무로 말미암아 너희가 부끄러움을 당할 것이요 너희가 택한 동산으로 말미암아 수치를 당할 것이며

출15:15 에돔 두령들이 놀라고 모압 영웅이 떨림에 잡히며 가나안 주민이 다 낙담하나이다

'아일(איל, ayil)'의 원래 의미는 "강한 지도자, 리더"이다. 상수리나무(Oak tree)는 숲에서 가장 단단하고 강한 나무이다. 수양은 양의 무리 중에서 강한 리더이다. 기둥은 건축물을 지탱하는 강한 올바른 물건이다. 용사들은 공동체 중에서 강한 지도자들이다. 번역자들은 원래에 의미에서 변형을 가하여 근대의 우리가 이해할 수 있도록 조정했다. 번역하는 과정에서는 다양한 방식이 있기에 많은 다른 번역들이 나올 수 있는 것이다. 시편 29:9절은 "아얄아(אילה, ayalah)"라는 아일의 여성형 형태를 가지고 있다. 그리고 그것은 두 가지 형태로 번역이 되었다.

NAS Psalm 29:9 The voice of the LORD makes the deer to calve
NIV Psalm 29:9 The voice of the LORD twists the oaks
개역개정 시편29:9 여호와의 소리가 암사슴을 낙태하게 하시고

번역된 본문을 통해서 서구적인 사고에서는 암사슴과 상수리 나무의 연관성을 찾을 수가 없다. 하지만 히브리 본문의 원어에서는 기능적으로 '강한 리더'라는 같은 의미를 가지고 있다. 이 본문을 문자적으로 직역한다면 다음과 같이 될 것이다:

"주님의 목소리가 강한 리더들을 넘어뜨린다"

히브리 성경을 읽을 때에 독자가 단순히 특별한 사물이나 인물의 역할을 외형적인 것으로만 살피는 것이 아니라 기능적인 것을 염두해 둔다면 좀더 본문의 의미를 잘 알게 될 것이다. 이 점을 더 잘 이해하기 위하여 창세기 6:15절을 살펴보자. 창세기 6:15절에는 노아의 방주에 대한 사이즈가 기술되어 있다.

창세기 6:15 네가 만들 방주는 이러하니 그 길이는 삼백 규빗, 너비는 오십 규빗, 높이는 삼십 규빗이라

서구적인 사고에서는 이 구절을 대할 때 본문에 기록된 수치들에 기초하여 우선 그것의 사이즈를 생각하게 된다. 만약 이것이 저자의 의도였다면, 그는 잘하지 못하고 있다. 왜냐하면 그 묘사는 단순히 긴 상자를 묘사하고 있고 정확히 그 방주가 어떤 모양인지를 알려주지 않기 때문이다. 그런데 히브리 저자의 의도를 생각하면 이것은 그것의 기능에 초점을 더 맞추고 있으며 저자는 독자에게 거대한 사이즈를 알려주고 있다. 이 거대한 방주는 아주 많은 수의 동물들을 실을 수 있는 것이다. 히브리어의 이름들은 영어나 한국어로 번역될 때에 많은 의미를 잃어버린다. 히브리어 단어 "아담(אדם, Adam)"은 "사람"을 의미하기도 하고 처음의 사람인 '아담'을 의미하기도 한다.

창세기2:7 여호와 하나님이 땅의 흙으로 사람을 지으시고 생기를 그 코에 불어 넣으시니 사람이 생령이 되니라

아담(adam)은 흙(adamah)으로부터 온 것이다. 번역이 되면서 완전히 그 기원을 놓치게 된다. 우리가 원래의 히브리어 단어를 본문과 연결시킬 때 우리는 그 단어들이 그 절에서 어떻게 연결되는 지를 볼 수 있다. 성경인물들의 이름은 이렇게 많은 그들의 이름의 기원을 포함한다. 아래의 예는 개인의 이름과 그것의 역할 또는 기능을 보여주는 예이다.

KJV Gen 4:1 and she conceived, and bare Cain, and said, I have gotten a man from the LORD.

창세기 4:1 아담이 그의 아내 하와와 동침하매 하와가 임신하여 가인을 낳고 이

르되 내가 여호와로 말미암아 득남하였다 하니라

가인(קַיִן, qain): 얻었다. to acquire, to buy (קָנָה, qanah)

KJV Gen 4:25 And Adam knew his wife again; and she bare a son, and called his name Seth: For God, said she, hath appointed me another seed instead of Abel, whom Cain slew.

창세기4:25 아담이 다시 자기 아내와 동침하매 그가 아들을 낳아 그의 이름을 셋이라 하였으니 이는 하나님이 내게 가인이 죽인 아벨 대신에 다른 씨를 주셨다 함이며

셋(שֵׁת, set): to put, 두다, 놓다, 주다

노아: 위로 (comfort)
펠렉: 나누다(divide)

개개인의 이름이 그 사람의 성격에 대한 힌트를 주듯이 가족의 계보를 통하여 흥미로운 힌트를 또한 얻을 수 있다. 창세기 5장에는 아담의 후손들이 등장한다. 그런데 이 계보속에는 오실 메시야의 계보이기도 하다.

영어	한글	영어	한글
Adam	아담	man	사람
Seth	셋	appoint	두다, 지정하다
Enosh	에노쉬	man	사람
Kenan	게난	dwelling place	처소

Mahalel	마할렐	light of God	하나님의 빛
Jared	야렛	comes down	내려오다
Enoch	에녹	dedicate	헌신
Methuselah	므두셀라	his death brings	그의 죽음이~가져온다
Lamech	라멕	despair	절망
Noah	노아	comfort	위로하다

"Man appointed a mortal dwelling, the light of God will come down dedicated, his death brings the despairing comfort."

이 사람들의 이름을 통하여 우리는 오실 메시야에 대한 흥미로운 예언을 발견할 수 있다.

히브리 단어의 어근 시스템

히브리어는 22개의 자음으로 구성되어 있다. 사실 히브리어는 아주 오래된 고대언어이다. 그만큼 언어의 역사가 깊다는 것이고 길다는 것이다. 히브리어는 페니키아 상인들에게 영향을 주었고 그 상인들이 그리스인들에게 히브리어 문자를 전달해 주었다. 이에 그리스어 알파벳은 히브리어 알파벳을 직접적으로 영향을 받은 것이다(역자 주).

א 알렙 + **ב** 베트 = *A* 알파 + *β* 베트 = 알파벳(*A*lphabet)

사실 현재 우리가 쓰는 영어안에는 많은 히브리어가 녹아들어가 있다.

아시아: 아치아 (해가 떠오르는 지역)
유럽: 오렙(히브리어로는 저녁을 의미한다)

심지어 상형문자 히브리어를 유심히 살펴보면 우리가 쓰고 있는 아라비아 숫자도 히브리어에서 온 것임을 알게 된다. 그리고 실제로 히브리인들은 현재도 알파벳을 가지고 숫자를 표시한다. 히브리어 동사는 주로 세 개의 자음으로 구성되어 있다. 그런데 이 세 개의 자음은 또 다시 그 기원을 찾으면 두 개의 자음으로 줄어들기도 한다. 이 두 개의 자음으로 시작하여 마지막 자음을 중복하거나 접두어, 접미어 등을 첨가하여 파생적으로 연결되어 지는 의미의 단어들을 만들어 낸다.

히브리어 단어 '셈(שם; shem)'은 일반적으로 '이름'으로 번역된다. 비록 '셈'이 '이름'이라는 의미를 가지지만 히브리어 어원을 거슬러 올라가면 훨씬 더 많은 의미를 가지고 있다. 번역에 따라서 이 단어는 '명성', '유명한', '명예', '알려진' 또는 '보고' 등 다양하게 번역될 수 있다. 분명히 이 히브리어 단어는 고대 히브리어에서 더 넓은 범위의 의미를 가지고 있다. 진정한 의미를 발견하기 위해서 우리는 히브리어가 어떻게 작용하는 지를 알아야 한다.

두 개의 자음이 합쳐질 때, 두 개의 자음은 어근(parent root)을 이룬다. 이러한 어근들이 고대 히브리어의 대부분이고 의미소통을 위해서는 꼭 필요한 단어들이다. 아래에는 두 개의 자음으로 된 어근으로 이루어진 단어들의 예이다.

אב	father	아버지	חם	cheese	치즈
אח	brother	형제	כן	yes	예
אל	god	신	לא	no	아니오
אם	mother	엄마	לב	heart	마음
אשׁ	fire	불	מד	garment	의복
בן	son	아들	מר	bitter	쓴
בר	clean	깨끗한	קב	jar	병
הר	hill	산	שׁם	name	이름

이러한 두 자음으로 이루어진 어근은 종종 마지막 자음을 중복시킴으로써 세 개의 자음으로 이루어진 단어를 만들어 낸다. 하지만 여전히 같은 의미를 지닌다.

בר (clean, 깨끗한) ---> **ברר** (clean)
הר (hill, 언덕) ---> **הרר** (hill)
לב (heart, 마음) ---> **לבב** (heart)

어근에 " **א** ", " ה ", "ו ", "י" 등을 붙여서 파생되는 단어들을 만들어 낸다. 이 네개의 글자에 대해서 현대 히브리어는 자음으로 간주하지만 고대 히브리어에서는 모듬으로도 작용했다. 각각의 파생된 단어들은 원래의 어근과 의미가 연결되어 있다. 아래는 그러한 예들이다. 어근이 "**בל** (bal)"이며 그 의미가 "흐르다(flow)"

에서 기인한 단어들이다.

אבל wilt: flowing away of life, 시들다
הבל empty: flowing out of contents, 비우다
בהל panic: flowing of the insides, 공황
בלה aged: flowing away of youth, 나이가 든
בול flood: flowing of water, 홍수
יבל stream: flowing of water, 개울

어근과 어근에서 파생된 단어들이 히브리어에서 주된 단어들이지만 다른 단어들도 시간이 지남에 따라서 생겨났다. 가장 흔한 예가 단어에 " **נ**"(nun)을 붙이는 경우이다. "**נאף**"은 '간음'을 의미하고 "**אנף**"은 '분노'를 의미하는 데 이 단어는 모두 "**אף**" (aph)에서 왔다. "**אף**"는 '코', '분노', '열정' 등을 의미한다.

히브리어는 다양한 접두어/접미어를 사용하여 많은 파생어를 생성시킨다. 이제까지 우리는 히브리어가 기본적으로 어떻게 작용하는 지 살펴보았다. 이제 '셈(**שם**; shem)'에서 파생된 다양한 단어들을 살펴보고 그 본래의 의미를 알아가보자.

호흡(Breath)

히브리어 단어 נשמה(neshemah) 는 נשם(nasham)에 ה(h)를 더 함으로 형성 되었다. נשם(nasham)은 또한 그 기원이 שם(shem)이다. נשמה (neshemah)는 창세기 2:7절에서 '호흡'을 의미하는 것으로 사용되어 졌다.

창세기2:7 여호와 하나님이 땅의 흙으로 사람을 지으시고 생기(נשמה)를 그 코에 불어넣으시니 사람이 생령이 되니라

서구적인 사고에서 호흡은 폐에서 공기가 왔다갔다하는 것을 말하나 고대 히브리인들은 전혀 다르게 이해한다. 욥기 32:8절을 살펴보자.

욥32:8 그러나 사람의 속에는 영이 있고 전능자의 숨결(נשמה, neshemah)이 사람에게 깨달음을 주시나니

서구적인 사고에서는 호흡이 가르친다는 개념이 잘 이해가 되질 않는다. 하지만 한국적인 의미에서는 호흡을 같이한다는 것을 마음을 같이한다는 것이고 생각을 같이한다는 것이다. 이것은 히브리적 사고와 잘 조화를 이루는 것이다(역자주).

하늘(Skies)

하늘의 어원은 'שמה(shamah)'이다. 일반적으로 이것은 복수형인 'שמים(shamayim)'이 많이 사용된다.

창세기1:1 태초에 하나님이 하늘(שָׁמַיִם)과 땅을 창조하시니라

히브리적 사고는 'neshemah'와 'shamah'를 유사어로 본다. 네세마는 사람의 호흡 그리고 바람이고 샤마흐는 하늘의 호흡/바람이다. 네세마가 가르칠 수 있다는 것을 알 듯이 샤마임도 또한 말할 수 있다.

시편 97:6 하늘(샤마임)이 그의 의를 선포하니 모든 백성이 그의 영광을 보았도다

마른 바람(dry wind)

어근 "**שמם**(shamam, 샤암)은 마지막 자음 두 개를 중복함으로 만들어졌다. 이 단어의 끝에 **ה** 를 붙임으로서 "**שְׁמָמָה**, shememah"가만들어졌다. 두 단어는 모두 황량함을 의미한다. 그리고 다음 구절에서 두 단어 모두가 사용되어 진다.

예레미야12:10 많은 목자가 내 포도원을 헐며 내 몫을 짓밟아서 내가 기뻐하는 땅을 황무지(שְׁמָמָה, shememah)로 만들었도다 12:11 그들이 이를 황폐(שְׁמָמָה, shememah)하게 하였으므로 그 황무지(שְׁמֵמָה)가 나를 향하여 슬퍼하는도다 온 땅이 황폐함(שָׁמֵמָה)은 이를 마음에 두는 자가 없음이로다

마른 바람이 사막에 불어올 때, 땅에 있는 모든 수분은 사라지게 된다. "**שמם**(shamam, 샤암)"과 "**שְׁמָמָה**, shememah"는 건조한 바람으로 만들어진 건조하고 황량한 장소를 말한다. 또 다른 파생된 단어인 야삼(**ישם**, yasham)은

"שממ(shamam, 샤암)"과 같은 의미를 지닌다. 다음 구절에서 볼 수 있다.

에스겔 6:6 내가 너희가 거주하는 모든 성읍이 사막이 되게 하며 산당을 황폐 (יָשַׁם, yasham)하게 하리니

셈(שם shem, 이름)

우리는 앞에서 '셈'의 어원을 조사함으로써 공통적으로 발견되는 어원적인 의미를 알게 되었다. '네세마'는 사람의 바람 또는 호흡을 말하는 것이고 '샤마임'은 하늘의 바람을 말한다. 그리고 '샤암', '쉐메마' 그리고 '야샴'은 모두가 건조한 바람으로 말미암은 황무지를 말하는 것을 알게 되었다. 이것들로 부터 우리는 고대 히브리어에서 '셈은 '바람' 그리고 '호흡'의 의미를 가지고 있다고 유추할 수 있다.

히브리적 사고에서 셈은 한 사람의 호흡이다. 그 사람의 성격의 본질이고 특성을 나타낸다. 한 개인의 모든 행위들은 그 사람의 인격 및 특성과 연관되어 있다. 다음 구절은 히브리적 사고에서 '이름'에 대한 이해를 증명해 준다.

시편54:1 하나님이여 주의 이름으로 나를 구원하시고 주의 힘으로 나를 변호하소서

히브리 시문학에서 가장 눈에 띄는 시적 시교는 댓구법(parallelism)이다. 댓구법에서는 한 가지 의미가 두 가지 방식으로 표현된다. 이러한 형태를 잘 연구함으로써 히브리인들이 어떻게 한 단어와 다른 단어를 대칭시키는 지 알수가 있다. 위의 구절에서 '주의 이름으로 나를 구원하시고'라는 구절은 '주의 힘으로 나를 변호하소서'와 댓구를 이룬다. 이 단락에서 우리는 히브리인들은 '이름'과 '힘'을 같은 속성으로 본다는 것을 알수가 있다.

시편135:13 여호와여 주의 이름이 영원하시니이다 여호와여 주를 기념함이 대대에 이르리이다

이 구절에서는 이름은 '기념함' 즉 '명성'과 댓구를 이룬다. 히브리어로 명성은 "**זכר**(자카르, zakar)" 이다. 이 단어는 직역하면 '기억' 이다. 주님의 명성은 세대를 걸쳐서 기억될 그의 행위들이다. 이 절에서 시적 이미지를 통하여, 우리는 시편 기자가 주님의 이름을 그의 행위들과 동일시하는 것을 볼 수 있다.

시편 22:22 내가 주의 이름(셈, שם)을 형제에게 선포하고 회중 가운데에서 주를 찬송하리이다

위의 구절에서는 '주의 이름을 선포하고' 는 '주를 찬송하리이다' 라고 댓구를 이룬다.

열왕기상 1:47 왕의 하나님이 솔로몬의 <u>이름</u>을 왕의 <u>이름</u>보다 더 아름답게 하시고 그의 왕위를 왕의 위보다 크게 하시기를 원하나이다

위의 구절에 대해서 서구적인 사고로는 잘 이해가 되질 않는 부분이 있다. 위의 절에서 솔로몬의 이름은 그의 왕위와 댓구를 이룬다. 왕위는 물질적인 묘사의 개념이 아니라 기능적인 측면이다. 왕좌/왕위/보좌의 역할은 권위이다. 왕의 특징이다. 솔로몬의 이름은 그의 권위와 권세를 나타낸다.

이름 그리고 직책

우리가 해석할 때 자주 범하는 오류 중에 하나는 이름과 직책을 분리한다는 것이다. 예를 들어 '다윗 왕'인 경우에 다윗 + 왕 으로 구분지어 해석한다는 것이다. 그런데 히브리적 사고에는 이름과 직책을 분리하지 않는 다는 것이다. 다윗(דוד, david)의 이름의 뜻은 '사랑하는 자'이다. 그렇다면 '다윗 왕: King David'은 "the one who rules is the one who loves"이다. 즉 '다스리는 이는 사랑하는 이이다'. 이는 하나님의 친구이다 위대한 자애로운 왕이었던 다윗의 성격과 잘 어울린다.

기도

우리는 기도를 마칠 때에 '예수님의 이름'으로 기도를 마친다. 그런데 이름에 대한 이해를 잘못함으로써 성경 저자가 의도하지 않은 방향의 믿음을 유발시킬 때가 있다. 이러한 습관은 아래의 성경 구절에 기초하고 있다.

요한복음 14:13 너희가 내 이름으로 무엇을 구하든지 내가 행하리니 이는 아버지로 하여금 아들로 말미암아 영광을 받으시게 하려 함이라

요한복음16:23 그 날에는 너희가 아무 것도 내게 묻지 아니하리라 내가 진실로 진실로 너희에게 이르노니 너희가 무엇이든지 아버지께 구하는 것을 내 이름으로 주시리라

그런데 예수님의 이름으로 기도를 마치게한 목적이나 이유가 무엇인가? 이것은 단순히 기도를 마치는 형식인가? 모든 기도를 예수님의 이름으로 마치고 그 대상은 아바 아버지인 하나님께 올려드리기 위함인가? 그러한 목적이 아니라는 것이다. 이름은 그 이름을 가진 이의 인격, 특성, 성격을 나타낸다고 했다. 그리고 이름은 바람이고 영이다. 따라서 우리가 예수님의 이름으로 기도한다는 것은 예수님의 마음, 영, 생각, 목적 그리고 그분과 같은 뜻을 가지고 기도한다는 것이다. 단순히 형식이 아니라는 것이다. 즉 예수님과 같은 마음으로 자세고 예수님과 같이, 예수님처럼, 예수님과 동일하게 기도한다는 것이다.

제2장 하나

제2장 하나

이스라엘아 들으라 우리 하나님 여호와는 오직 유일한 여호와이시니
(신명기 6:4)

앞에서 히브리어 단어의 '이름'이 번역되면서 많은 의미를 잃어버린 것을 보았듯이 히브리어 단어 '**אחד**, 에하드'도 영어의 '하나'로 번역되면서 많은 의미를 사라지게 만들었다. 이 단어의 어원과 어근 등을 살펴봄으로써 우리는 다시 히브리적 의미를 발견할 수 있다.

하드(Hhad)

에하드(אחד)는 원래 '하드(חד)'에서 어원이 출발한다. 지금까지 우리는 히브리 단어들을 현대의 알파벳으로만 살펴보았다. 하지만 처음의 히브리어 알파벳들은 이집트 상형문자처럼 그림을 형상화한 상형문자로 시작했다.

수 세기에 걸쳐서, 이러한 고대 히브리어는 현대의 정방형 알파벳 모양으로 정착하게 되었다. 사실 영어의 알파벳의 기원은 히브리어이다.

원래의 상형문자들은 그 단어에 대한 의미의 힌트를 제공해 준다. 예로서 히브리어로 '아들'을 '벤(בן)이라고 하는 데 상형문자로는 "" 의 모양을 가진다.

첫 번째 글자 '베트'()는 유목 민족의 천막 또는 집을 상징한다. 두 번째 글자 '눈'(nun,)은 발아되는 씨앗를 나타낸다. 씨앗은 이전 세대의 후손이다. 그리고 그것은 다음 세대를 위한 씨앗을 생성하며 자라난다. 이러한 연속성, 지속성의 개념이 이 단어가 가지는 의미이다.

이 두 글자가 합쳐져서 '벤(아들)'이라는 단어가 형성되었고 그 단어의 원래 의미는 "그 집이 계속 지속하는"의 의미를 가졌다. 아들의 역할은 그 가족을 다음 세대로 이어지게 하는 것이다.

하드(hhad, חד)는 원래 상형문자로 " [glyph] " 로 표시하는 데 첫 번째 글자 "[glyph]"(hh)는 천막의 벽을 상징한다. 그리고 두번째 글자 "[glyph]"(d)는 문이나 입구 등을 상징한다. 따라서 '하드'는 즉 '문을 가진 벽' 또는 '들어가기 위한 벽'등의 의미를 가지고 있다. 벽이 양쪽을 분리한다면 문은 또한 분리된 양쪽을 하나로 합쳐지게 한다(unite). 이러한 히브리적 사고는 다음 구절에서 분명히 보인다.

에스겔 33:30 인자야 네 민족이 담 곁에서와 집 문에서 너에 대하여 말하며 각(חד) 각(אחד) 그 형제와 더불어 말하여 이르기를 자, 가서 여호와께로부터 무슨 말씀이 나오는가 들어 보자 하고 31 백성이 모이는 것 같이 네게 나아오며 내 백성처럼 네 앞에 앉아서 네 말을 들으나 그대로 행하지 아니하니 이는 그 입으로는 사랑을 나타내어도 마음으로는 이익을 따름이라

위의 본문에서 우리는 두 가지의 서로 상반되는 백성들의 행동을 볼수가 있다. 그들이 주님으로부터 말씀을 들으러 가면서도 여전히 그들의 마음으로는 악을 행하고 있다. 한 사람의 개인이 두 가지의 다른 모습을 보여주고 있다. 에스겔은 이러한 백성들이 담과 집문에서 말하고 있다는 것을 흥미롭게 보여주고 있다. 이것은 '하드'의 상형문자와 직접적으로 연관이 있다.

수수께끼와 비유

수수께끼를 의미하는 히브리어 단어 '후드'(חוד, hhud)는 '하드 (חד, hhad)에서 출발한다. 예수님은 종종 비유를 사용하시었다. 예수님이 사용하시는 비유가 바로 두 부류를 분리시키기도 하고 하나로 합치기도 하는 역할을 한다.

에스겔17:2 인자야 너는 이스라엘 족속에게 수수께끼(חוד, hhud)와 비유(חידה, hhiydah 여성형 형태)를 말하라

위 구절을 통하여 우리는 수수께끼와 비유가 아주 유사하다는 것을 알 수가 있다. 수수께끼나 비유는 듣는 사람에게 사건이나 익숙한 사람들을 사용하여 이야기를 제시한다. 그리고 나서, 비유를 전달하는 자는 쉽게 이해하지 못하게 살짝 비틀어서 이야기한다. '하드 (חד, hhad)라는 단어의 상형문자를 통해서 비유의 의미를 살펴보면 이야기에서 '비틀어진 것'은 비유의 의미로 부터 청자를 분리시키는 벽이라고 할 수 있다. 말하는 사람이 그 비유를 설명하면 그 문은 열려서 그 듣는 이가 그 의미를 알아듣고 하나가 된다.

마태13:44 천국은 마치 밭에 감추인 보화와 같으니 사람이 이를 발견한 후 숨겨 두고 기뻐하며 돌아가서 자기의 소유를 다 팔아 그 밭을 사느니라

예수님은 이와 같은 비유를 자주 사용하셨다. 보물이 있는 밭을 사기 위해서 모든 소유를 파는 쉽게 이해가 되지만 하나님의 나라와의 연결점은 조금 신비하다. 예수님의 가르침을 이해하는 자들은 하나님의 나라가 이 세상 재물보다 가치가 비교할 수 없다는 것을 알고 그것의 의미에 있어서 예수님과 하나로 연합하게 되었고 그것을 이해하지 못하는 자들은 그 의미/뜻에서 분리되었다. 왜 비유로 말씀하시는 것에 대하여 종종 질문을 받으실 때, 예수님은 아래와 같이 말씀하셨다.

마태13:11 대답하여 이르시되 천국의 비밀을 아는 것이 너희에게는 허락되었으나 그들에게는 아니되었나니

일체(Unity)

'하드 (חד, hhad)에서 유추된 또 다른 단어는 에하드(אחד)이다. 에하드는 일반적으로 '하나'로 번역이 되는 데 이는 실제적 히브리적 의미를 잃어버렸다. 에하드 의미 안에는 분리되었던 것들이 하나로 합쳐지는 개념이 있다.

결론적으로 에하드(ehhad)는 하나라는 의미보다는 일체(unity)로 번역되는 것이 가장 적절할 것이다. 사람이라는 것은 몸, 생각, 호흡 등이 이루어진 일체이지 단순히 하나가 아니다. 모든 사물이 그러하다 할 수 있을 것이다. 나무는 뿌리, 몸통, 가지, 잎 등으로 이루어진 하나의 일체이다. 한 해는 사계절이 모여서 이루어진 것이다.

에하드(ehhad)가 처음 쓰인 창세기 1:5절에서 한 날(one day)도 사실은 아침과 저녁 또는 낮과 밤으로 이루어져 있다.

창1:5 하나님이 빛을 낮이라 부르시고 어둠을 밤이라 부르시니라 저녁이 되고 아침이 되니 이는 첫째 날이니라

제3장 그의 이름은 하나

제3장 그의 이름은 하나다

여호와께서 천하의 왕이 되시리니 그 날에는 여호와께서 홀로 한 분이실 것이요 그의 이름이 홀로 하나이실 것이라 (스가랴 14:9)

우리는 하나님이 하나라고 할 때 아주 쉽게 이것이 숫자적인 하나와 연관이 있다고 가정한다. 왜냐하면 우리가 가지고 있는 '하나'에 대한 이해가 그러하기 때문이다. 하나님 그 자신을 하나의 일체로 지칭하는 '에하드'의 히브리적 개념을 우리는 무시해왔다. 위의 성경구절은 하나님을 하나의 박스안에 집어 넣고 하나의 특성만을 나타낼려고 하지 않는다. 하나님은 무한하신 하나님이시고 그는 다양한 방식으로 그자신을 나타내실 수 있다. 하지만 그 모든 속성들은 조화롭게 하나의 일체(unity)를 나타낸다.

에하드(Ehhad)라는 개념을 히브리적 사고로 잘 이해하면 하나님이라는 분을 더 잘 이해하게 된다. 그는 한 분이라는 말은 하나의 일체(one unity)라는 개념이다. 삼위일체(Trinity)의 하나님이시다. 출애굽기에서 하나님은 그 자신을 두 개의 기둥으로 계시하신다.

출애굽기13:21 여호와께서 그들 앞에서 가시며 낮에는 구름 기둥으로 그들의 길을 인도하시고 밤에는 불 기둥을 그들에게 비추사 낮이나 밤이나 진행하게 하시니

이러한 하나님의 나타나심에서 구름기둥과 불기둥은 그 기능에서 아주 독특하다. 불기둥은 추운 밤에 열을 제공하고 어둠 속에서 빛도 제공한다. 구름 기둥은 태양의 열로부터 그늘을 제공한다. 각각의 기둥들은 그 기능들에서는 아주 독특하고 분리되어있지만, 그것들이 백성들에게 안위를 가져다 주는 데 있어서는 하나의 역할을 한다. 이 두 기둥들이 에하드이다. 두 개의 분리된 행동들이 하나의 공통된 기능으로 나타난다.

하나님은 단순히 사랑의 하나님만이 아니다. 그는 또한 미움의 하나님이시다(말라기 1:2, 3). 그는 자비와 정의의 하나님이시고 또한 그는 전쟁과 평화의 하나님이시다. 그는 빛과 어둠, 선과 악을 창조하셨다(이사야 45:7). 성경을 통하여 우리는 하나님께서 그의 뜻을 이루시기 위하여 나라들을 세우시기도 하고 무너뜨리시기도 하는 것을 보아왔다. 하나님께서 자신을 완전히 정반대의 두 가지 방식으로 나타내시지만 그것들은 항상 조화롭고 일체되게 나타난다. 전도서 저자는 이러한 일체의 균형을 가장 잘 표현한다. 하나님께서 이러한 특성들을 나타내실 때, 그의 백성들도 또한 이러한 속성들이 이루어질 적절한 때와 시기를 알 것이다.

> 3:1 범사에 기한이 있고 천하 만사가 다 때가 있나니
> 3:2 날 때가 있고 죽을 때가 있으며 심을 때가 있고 심은 것을 뽑을 때가 있으며
> 3:3 죽일 때가 있고 치료할 때가 있으며 헐 때가 있고 세울 때가 있으며
> 3:4 울 때가 있고 웃을 때가 있으며 슬퍼할 때가 있고 춤출 때가 있으며
> 3:5 돌을 던져 버릴 때가 있고 돌을 거둘 때가 있으며 안을 때가 있고 안는 일을 멀리 할 때가 있으며
> 3:6 찾을 때가 있고 잃을 때가 있으며 지킬 때가 있고 버릴 때가 있으며
> 3:7 찢을 때가 있고 꿰맬 때가 있으며 잠잠할 때가 있고 말할 때가 있으며
> 3:8 사랑할 때가 있고 미워할 때가 있으며 전쟁할 때가 있고 평화할 때가 있느니라 (전도서 3:1-8)

이 책의 제목에서 우리는 고대 히브리인인 스가랴가 쓴 눈을 통하여 히브리적 이해를 가지고 이 구절을 읽을 수 있다.

여호와께서 천하의 왕이 되시리니 그 날에는 여호와께서 홀로 한 분이실 것이요 그의 이름이 홀로 하나이실 것이라 (스가랴 14:9)

이 구절의 마지막 부분은 '그의 이름이 하나'이다. 많은 번역가들이 이 구절들을 다양하게 번역했다.

KJV Zechariah 14:9 and his name one.

NAS Zechariah 14:9 and His name the only one.

NIV Zechariah 14:9 and his name the only name.

NLT Zechariah 14:9 his name alone will be worshiped.

개역개정 스가랴 14:9 그의 이름이 홀로 하나이실 것이라

이 모든 것은 번역가가 그 언어로 의미가 전달되어지기 위해 시도한 결과이다. 우리는 하나님의 이름이 그의 속성이 하나로 일치된 의미를 가지고 있다는 것을 발견했다. 따라서 이 구절은 다음과 같이 번역할 수 있을 것이다:

"그의 속성들은 하나로 조화를 이루고 있다"

성경에는 하나님의 특성 및 인격을 나타내는 많은 이름들이 등장한다. 그것들은 모두가 하나님의 속성을 나타낸다. 동시에 그러한 속성들은 조화를 이루어서

하나의 조화(unity)를 이룬다는 것이다. 계속해서 히브리적 사고를 가지고 하나님의 이름들을 살펴보고 그분을 속성을 더 잘 이해해 보도록 하자.

제4장 영

제4장 영

그리고 하나님의 영은 수면위에 운행하시니라 (창 1:2)

앞의 장에서 살펴보았던 네세마(neshemah)는 호흡과 바람을 의미한다. 그런데 이 단어와 의미가 유사한 단어는 위의 구절에서 영으로 번역된 '**רוח**(루아흐)'이다.

욥27:3 (나의 호흡이 아직 내 속에 완전히 있고 하나님의 숨결이 아직도 내 코에 있느니라)

욥33:4 하나님의 영이 나를 지으셨고 전능자의 기운이 나를 살리시느니라

루아흐는 그 의미적으로는 호흡과 바람 등으로 번역되어 네세마와 유사하지

만 그 어원을 살펴보면 다른 뜻을 가지고 있다.

루아흐는 רח(RHh)에서 시작한다. 그리고 이 단어는 일정한 길을 따라간다는 의미를 가지고 있다. 바람, 달, 여행자, 맷돌 등이 단어에서 추론된다.

신명기33:14 태양이 결실하게 하는 선물과 태음(ירח)이 자라게 하는 선물과

욥31:32 실상은 나그네 가 거리에서 자지 아니하도록 나는 행인(ארח)에게 내 문을 열어 주었노라

출11:5 애굽 땅에 있는 모든 처음 난 것은 왕위에 앉아 있는 바로의 장자로부터 맷돌(רחה)뒤에 있는 몸종의 장자와 모든 가축의 처음 난 것까지 죽으리니

이 모든 것들이 일정한 궤도를 따라서 움직이는 것들이다. 따라서 하나님이 루아흐라는 말은 그가 항상 일정한 궤도나 패턴을 따라 가신다는 것을 의미한다. 루아흐(바람)을 볼 수는 없지만 그 영향으로 우리는 바람이 분다는 것을 알수가 있다. 마찬가지로 하나님을 볼 수는 없지만 그가 행하시는 행위들로 인해서 그가 살아계신다는 것을 우리는 알 수가 있다. 그는 어제나 오늘이나 내일이나 항상 동일하신 분이다.

그의 특성들은 그를 나타내는 용어들에서 알수 있다. 그는 항상 동일하시고,

길을 잃지 않으시고 똑바르게 가신다. 히브리어로 צדיק(차딕)은 '의로운'을 의미하기도 하지만 직진을 의미하기도 한다. 곧다, 옳다는 의미인 것이다. 그는 또한 그의 자녀들이 이러한 같은 올바른 길로 따라가기를 바란다.

길

시1:6 무릇 의인들의 길은 여호와께서 인정하시나 악인들의 길은 망하리로다
시27:11 여호와여 주의 도를 내게 가르치시고 내 원수를 생각하셔서 평탄한 길로 나를 인도하소서

우리의 삶은 의로움으로 인도하든지 아니면 악으로 이르는 길을 따라가는 여행이다. 바람 즉 하늘의 호흡이 지정된 길을 따라가듯이, 우리의 호흡은 묘사된 길을 따라간다. 하나님이 우리에게 새로운 호흡을 주실 때, 그의 호흡은 그의 길을 따를 수 있는 힘을 제공해 준다.

에스겔36:26 또 새 영을 너희 속에 두고 새 마음을 너희에게 주되 너희 육신에서 굳은 마음을 제거하고 부드러운 마음을 줄 것이며 36:27 또 내 영을 너희 속에 두어 너희로 내 율례를 행하게 하리니 너희가 내 규례를 지켜 행할지라

하나님의 영이 우리에게 임할 때에 우리는 주님의 속성을 따라서 의롭고 올바른 길을 갈 수 있는 것이다.

제5장 하나님

제 5 장 하나님

태초에 하나님이 천지를 창조하시니라 (창세기 1:1)

우리는 하나님의 이름들 중에서 먼저 가장 흔하게 지칭되는 '하나님'의 명칭부터 조사해 보기로 하자. '하나님(God)'이란 단어를 들을 때 가장 먼저 무엇이 떠오르는 가? 우리의 문화는 이런 질문에 대해 하나님은 누구시며 하나님은 어떤 분이신가에 의문을 던진다. 첫번째는 그는 흰 구렛나루와 수염을 가지시고 구름 속에 앉으신 분으로 상상이 된다. 이것은 주로 아이들이 하나님에 대해서 상상하는 방식일 것이다. 하지만 어른들도 마찬가지이다. 왜냐하면 그런식으로 성경이야기를 많이 들었기 때문이다. 또 다른 흔한 관점은 알 수도 없고 만질 수도 없는 우주를 꽉 채운 보이지 않는 힘이라는 것이다. 어쨌든 우리는 본문을 읽을 때에 고대 히브리인들이 성경을 쓰면서 가졌던 같은 방식으로 하나님을 보는 법을 배워야 한다.

성경에는 하나님으로 번역된 세 가지의 다른 단어들이 있다: (אל 엘), (אלה 엘로하) 그리고 (אלהים 엘로힘)이다. 첫 번째 단어는 두 개의 자음으로 구성된 단어이고 이 단어를 기초로 해서 나머지 두 단어가 생겨났다.

추상적 관념 VS 구체적 관념

앞에서 우리는 현대 우리가 생각하는 방식과 고대 히브리인들의 사고의 차이점에 대해서 생각해 보았다. 여기에서 우리는 성경 본문을 읽을 때에 영향을 끼치는 또 다른 주요한 차이를 살펴보고자 한다.

고대 히브리인들(Eastern)은 세계를 구체적인 생각으로 본다. 구체적인 생각은 보고, 만져지고, 냄새 맡을 수 있고, 맛보고 그리고 들을 수 있는 방식으로 표현된다. 이러한 예가 시편 1:3절에서 볼 수 있다. 여기서 시편 기자는 그의 생각들을 구체적인 용어들인 나무, 시내, 열매, 입 그리고 '시들다' 등을 사용한다.

시편1:3 그는 시냇가에 심은 나무가 철을 따라 열매를 맺으며 그 잎사귀가 마르지 아니함 같으니 그가 하는 모든 일이 다 형통하리로다

서구적인 사고는 세상을 보이거나, 만져지거나, 냄새를 맡거나, 맛보거나 그리고 들을 수 있는 것이 아닌 추상적인 것으로 본다. 이러한 예는 시편 103:8절에서 볼 수 있다;

시편103:8 여호와는 긍휼이 많으시고 은혜로우시며 노하기를 더디 하시고 인자하심이 풍부하시도다

긍휼, 은혜, 분노 그리고 사랑 같은 단어들은 감각으로 경험할 수 없는 추상적인 것들이다. 그러면 구체적인 사고를 하는 히브리인들의 문학에서 어떻게 이러한 추상적인 단어들을 만나게 되는 가? 사실, 이 단어들은 구체적인 개념의 히브리어 단어들을 번역한 것들이다. 번역자들은 히브리어 단어들을 직역하면 의미가 잘 전달되지 않기에 종종 적절한 단어들로 대체하곤 한다.

이러한 한 예를 들어보자. 분노라고 번역된 단어는 원래 히브리어로는 '코(אף ,nose)이다. 코는 콧구멍을 통해서 바람이 나온다. 히브리인은 '분노'를 코가 타오르는 것으로 보았다. '노하기를 더디한다'라는 단어를 직역하면 '코에 대해서 느리다'라고 번역이 될 것이고 이해가 안 될 것이다.

이러한 예는 히브리어에서 빈번하다. 이에 하나님의 이름을 연구해 가면서 이러한 히브리어의 구체적인 사고와 개념에 대해서 더 알아가고 발견하고자 한다.

엘(EL)

히브리어 단어 “אל”(el)의 원래의 의미를 찾기 위하여 우리는 먼저 원래의 상형문자를 살펴보고자 한다. ‘엘’의 상형문자는 “ ”이다. 이것은 소머리( )와 지팡이( )를 나타내는 두 글자가 합쳐진 것이다. 고대 히브리인들은 소, 양 그리고 염소들을 기르는 농업/유목 민족이었다. 가축들 중에서 가장 강한 것이 황소였다. 황소는 그것의 강한 힘 때문에 많은 물건을 싣고 이동하기도 했고 또한 밭을 갈기도 했다. 소머리( ) 글자는 “근육”과 “힘”을 나타내는 구체적인 단어를 나타낸다.

목자는 항상 지팡이를 가지고 다닌다. 지팡이는 목자의 권위를 나타내고 또한 무리들을 이끌기 위하여 방향을 나타낸다. 또한 침입자를 물리칠 때도 사용한다. 멍에도 또한 황소를 이끄는 지팡이이기 때문에 멍에는 어깨 위의 지팡이로 볼 수 있다(see 이사야 9:4).

이사야9:4 이는 그들이 무겁게 멘 멍에와 그들의 어깨의 채찍과 그 압제자의 막대기를 주께서 꺾으시되 미디안의 날과 같이 하셨음이니이다

지팡이( )를 나타내는 이 글자는 양떼를 이끄는 목자의 리더쉽과 멍에를 나타내는 구체적인 단어이다.

이 두 글자가 합쳐져서 '엘' ([illegible])의 어원을 이루었는 데 이는 '강한 권위' 또는 '멍에를 매고 있는 황소'를 나타낸다.

이스라엘에서는 밭을 갈 때 두 마리의 황소를 하나의 멍에에 매는 것은 흔한 일이었다. 이 때 늙고 경험많은 소를 젊고 경험이 없는 소와 짝을 이루게 하였다. 왜냐하면 젊고 어린 소가 경험이 많은 소로 부터 밭을 가는 방법을 배우게 하려 했기 때문이다. 이 더 나이가 많은 소가 '강한 리더'이다. 이것이 고대 히브리인들이 이해한 하나님에 대한 이해였다. 하나님은 젊은 소인 당신의 백성이 어떻게 일해야 하는지를 가르쳐 주시는 노련한 황소였다.

'엘'에 대한 상형문자의 증거 외에도 하나님을 황소로 생각하는 기록은 성경에도 많이 등장한다. 출애굽기 32장을 살펴보자.

출애굽기 32:4 아론이 그들의 손에서 금 고리를 받아 부어서 조각칼로 새겨 송아지 형상을 만드니 그들이 말하되 이스라엘아 이는 너희를 애굽 땅에서 인도하여 낸 너희의 신이로다 하는지라 5 아론이 보고 그 앞에 제단을 쌓고 이에 아론이 공포하여 이르되 내일은 여호와의 절일이니라 하니

이 본문에서 이스라엘은 황소의 형상으로 주님의 우상을 만들었다. 이스라엘은 왜 하나님의 우상으로 황소를 선택했는 가? 많은 고대문화에서 황소의 모양을 신으로 숭배했다. 이집트인들은 황소의 신을 '아피스(Apis)'라고 불렀고 수메르인들은 '아다드(Adad)'라고 불렀다. 가나안인들은 황소의 신을 '엘(El)'이라고 불렀다.

'엘'은 다음과 같은 구절에서처럼 '강한 지도자'를 상징하며 하나님으로 번역되곤 했다.

창세기 14:19 그가 아브람에게 축복하여 이르되 천지의 주재이시요 지극히 높으신 하나님이여 아브람에게 복을 주옵소서

신명기 10:17 너희의 하나님 여호와는 신 가운데 신이시며 주 가운데 주시요 크고 능하시며 두려우신 하나님이시라 사람을 외모로 보지 아니하시며 뇌물을 받지 아니하시고

영어 성경을 읽을 때에 대문자 G로 시작하는 God는 항상 천지를 창조하신 하나님에게 적용되었다. 히브리어 '엘'은 하나님을 의미한다. 하지만 동시에 다음에 예와 같이 '엘'에 대한 구체적인 의미의 이해로서 '강하고 능력이 있는 존재'를 나타내기도 한다.

창세기 31:29 너를 해할 만한 능력(אל)이 내 손에 있으나

욥 41:25 그것이 일어나면 용사(אלים)라도 두려워하며 달아나리라

시편 80:10 그 그늘이 산들을 가리고 그 가지는 하나님(אל)의 백향목 같으며

시편 36:6 주의 의는 하나님(אל)의 산들과 같고

출애굽기 34:14 너는 다른 신(אל)에게 절하지 말라

황소와목자의 지팡이는 고대 시대에는 힘, 리더쉽 그리고 권위를 나타내는 흔한 상징들이었다. 추장들이나 왕들은 흔히 황소의 뿔이 달린 관을 쓰고는 그들의 힘을 나타내기도 했고 그들의 왕국의 무리에 대한 권위로서 지팡이를 가지고 다녔다. 이것은 오랜 기간동안 이어 내려와서 현대에 이르러서도 왕과 여왕이 면류관을 쓰고 홀을 들고 다니는 것으로 이어졌다. 히브리어 단어 '퀘렌(qeren)'은 뿔을 의미하는 데 이 단어로부터 영어의 'crown(관)'이 유래되었다.

엘로하

엘로하는 엘로부터 파생된 단어인데 '멍에' 또는 '맹세'의 의미를 더 자세히 나타낸다. 일반적으로 '맹세'라는 단어로 많이 번역이 되어 계약 당사자들 간의 사이를 묶어주는 약속으로 이해되곤 한다. 이것은 한 멍에 안에서 두 소가 묶여있는 것을 상상하게 만들어 준다.

창세기26:28 그들이 이르되 여호와께서 너와 함께 계심을 우리가 분명히 보았으

므로 우리의 사이 곧 우리와 너 사이에 맹세하여 너와 계약(binding yoke)을 맺으리라 말하였노라

고대 히브리인들은 소를 두 마리씩 묶어서 밭을 갈았다. 성경에서는 이것을 종종'겨리'라고 표현하곤 한다. 이 멍에는 소 두 마리를 함께 묶는다. 일반적으로 소 두 마리를 멍에로 묶을 때는 늙은 소와 젊은 소를 함께 묶는다. 그러면 나이가 많은 소는 나이가 어린 소에게 밭을 어떻게 갈아야 하는 지 가리치고 알려준다. 하나님을 언약을 통해서 자기백성들과 자신을 묶으시며 그들에게 가르치신다.

욥 5:17 볼지어다 하나님께 징계 받는 자에게는 복이 있나니 그런즉 너는 전능자의 징계를 업신여기지 말지니라

엘로힘

엘로하에 복수형 어미인 '임'을 붙임으로서 '엘로힘'이 만들어 진다. 이것은 서로를 묶어주는 강한 지도자를 나타낸다. 이러한 개념은 다음의 구절들에서 볼 수 있다.

출20:3 너는 나 외에는 다른 신들을 네게 두지 말라

출21:6 상전이 그를 데리고 재판장에게로 갈 것이요 또 그를 문이나 문설주 앞으로 데리고 가서 그것에다가 송곳으로 그의 귀를 뚫을 것이라 그는 종신토록 그 상전을 섬기리라

이러한 복수형, '엘로힘'은 하늘과 땅을 만드시고 성경 첫 구절에서 나오듯이 가장 흔하게 '하나님'으로 번역되는 단어이다.

창1:1 태초에 하나님이 천지를 창조하시니라

히브리어에서 복수형을 쓰는 용법을 잘못 이해하여 잘못된 개념과 이해로 '엘로힘'을 그릇된 신학으로 이끄는 경우가 많았다. 그러한 예가 위의 구절을 잘못해석하여 '천사들'이 하늘과 땅을 만들었다고 번역하는 경우이다.

태초에 신들(천사들)이 하늘과 땅을 만들었다

이 구절을 문자 그대로 복수형을 적용하여 번역하면 그것은 오역이다. 이 구절에서 사용된 동사는 '바라(ברא)'인데 이는 남성, 단수형 형태로서 '그가 창조하셨다(he creasted)'는 의미이다. 엘로힘이 복수로 이해되었다면 동사 '바라'는 복수형이 되었을 것이다. 하지만 엘로힘은 단수로 취급되며 특성상으로는 복수형을 가지지만 수량적으로는 단수형이다.

영어나 한국어에서는 수량적으로 복수를 나타내기 위하여 복수 형태를 취한다. 하지만 고대 히브리어는 수량적인 것 뿐만 아니라 질적인 것의 복수를 나타낼 때에도 복수형을 사용하였다. 예를 들면 히브리어에서는 "두 개의 나무들"로서 수량을 표시하면서, "하나의 나무들"이라는 표현을 쓰면서 다른 나무들 보다도 더 크거나 강한 것들의 특성을 표현하기도 한다.

성경 본문안에서 수량 뿐만 아니라 특성이나 성질을 나타내는 복수형 용법을 살펴보자. 히브리어 단어 " (베헤마, behemah)"는 "땅위의 짐승"이다. 히브리어는 '성'을 표현하는 데 민감한 언어이다. 그러므로 모든 단어가 남성이든지 여성으로 정의된다.

남성형 복수형은 '임'(yim) 형태의 접미어를 취하고 여성형 단어는 복수형으로 '오트(ot)'를 취한다. 베헤마는 여성형 형태를 취하므로 복수형이 된다면 '베헤모트'가 되는 것이 맞다. 이것의 쓰임을 다음 예에서 살펴보자.

욥12:7 이제 모든 짐승에게 물어 보라 그것들이 네게 가르치리라 공중의 새에게 물어 보라 그것들이 또한 네게 말하리라

욥40:15 이제 소 같이 풀을 먹는 베헤못을 볼지어다 내가 너를 지은 것 같이 그것도 지었느니라

첫번째 구절에서 베헤모트는 수량적으로 복수형을 표시하면서 '짐승들'의 의미를 가지게 되었다. 하지만 두 번째 절에서는 비록 복수형을 취하지만 알려지지 않은 큰 동물을 나타낼 때 이 복수형을 사용했다. 이 경우에 복수형태가 평균적으로 큰 동물보다 크기가 아주 큰 동물을 나타낼 때 복수형을 사용하였다.

엘로힘이라는 히브리어 단어는 같은 느낌을 가지고 사용되었다. 엘로힘은 하나의 '엘'이나 '엘로하'보다 질적으로 크고 강한 존재를 표현하는 데 사용되었다. 천지를 창조하신 하나님은 작은 신 하나가 아닌, 전능하고 다른 어떤 신보다도 크신 위대한 하나님이시다.

신명기10:17 너희의 하나님 여호와는 신 가운데 신이시며 주 가운데 주시요 크고 능하시며 두려우신 하나님이시라 사람을 외모로 보지 아니하시며 뇌물을 받지 아니하시고

예수님의 멍에

하나님의 속성을 하나님의 이름으로부터 이해하면 예수님의 말씀을 잘 이해할 수 있게 된다. 예수님은 어떻게 멍에를 지는 지를 젊은 소에게 알려주는 경험이 많고 힘이 센 늙은 소의 모습을 그려주고 계신다.

28 수고하고 무거운 짐 진 자들아 다 내게로 오라 내가 너희를 쉬게 하리라 29 나는 마음이 온유하고 겸손하니 나의 멍에를 메고 내게 배우라 그리하면 너희 마음이 쉼을 얻으리니 30 이는 내 멍에는 쉽고 내 짐은 가벼움이라 하시니라 (마태 11:28-30)

제6장 엘 샤다이

제 6 장 엘 샤다이

창17:1 아브람이 구십구 세 때에 여호와께서 아브람에게 나타나서 그에게 이르시되 나는 전능한 하나님이라 너는 내 앞에서 행하여 완전하라

샤다이 단어를 점검하기 전에, 성경 번역의 몇 가지 문제점에 대하여 살펴보자.

번역들

번역된 것을 독자들에게는 알려지지 않은 많은 보이지 않는 요인들과 알려지지 않은 요소들이 있다. 대부분의 성경을 읽는 사람은 영어성경이나 한글성경이 원래의 원문과 동등한 것을 나타낸다고 생각한다. 고대 히브리어와 우리가 사용하는 언어는 많은 차이점이 있고 그들의 문화는 우리의 문화가 많은 간격이 있기에 히브리어 원문을 우리의 현대 언어로 그대로 번역하는 것은 불가능하다. 번역자들이 어려워 하는 작업은 바로 그러한 간격과 차이를 줄이는 일이다. 히브리어 본문은 다양한 방식으로 번역되어 질 수 있기에, 번역자의 개인적인 믿음이 번역될 방향을 결정하기도 한다. 성경 번역본은 번역자의 신학과 교리가 원문에 적용되어진 번역자의 해석이라고 할 수 있다.

그래서 독자들은 번역자의 이해를 자신들의 본문에 대한 기초로 사용하도록 강요된다. 이러한 이유들로 독자들은 종종 번역본들을 비교한다. 하지만 기독교역본에 제한될 때도 많다. 나는 번역본들을 비교할 때 항상 유대인들의 번역을 포함시키는 데 이것은 다른 관점을 제공한다. 이것은 유대교로 편중된 것이지만 기독교도 마찬가지로 기독교로 편중되어 있다. 이 두가지를 비교함으로써 각각이 편중된 것을 발견하는데 도움이 된다.

원래의 의미를 잃어버린 단어들과 구절들로 인해서 번역자의 임무는 복잡해진다. 이러한 경우에 번역자는 그 단어와 구절들을 최대한 원래 저자가 전달하고자 했던 의미대로 전달하고자 시도할 것이다. 번역자가 부딪혔던 어려운 본문을 독자는 읽을 때에 완벽히 번역했다고 가정할 것이다. 다음의 절이 그러한 부분의 적절한 예일 것이다.

창세기 6:16 거기에 창을 내되 위에서부터 한 규빗에 내고 그 문은 옆으로 내고

상 중 하 삼층으로 할지니라

위의 구절은 아주 분명하고, 간결하고 그리고 이해되는 것으로 보인다. 독자가 이 본문을 읽을 때에 본문의 의미를 이해하는 데에 아무런 문제가 없다. 이에 독자는 이 번역이 원문을 적절하게 번역했다고 생각할 것이다. 이 번역 뒤에는 히브리어 원문이 있는 데 이는 번역자에게는 악몽일 것이다. 다음은 히브리어 원문을 영어로 직역한 것이다.

"A light you do to an ark and to a cubit you complete it from to over it and door of the ark in its side you put unders twenty and thirty you do"

이러한 현상은 여기만 그런 것이 아니다. 성경 전체를 통해서 계속 발생되는 것이다. 영어 독자를 위해서 번역자는 단어들, 구절들 심지어 전체 문장을 넣어서 독자가 이해할 수 있도록 했다. 독자는 어떤본문의 번역의 어려움을 잘 느끼지 못하므로 번역자가 그 본문을 완벽하게 번역했다고 가정한다.

어떻게 번역자의 해석이 독자가 본문을 이해하는 지 살펴보기 위하여 다음 두 번역을 살펴보자.

창세기 1:25 Let the land produce living creatures
1:25 하나님이 땅의 짐승을 그 종류대로

창세기2:7 and the man became a living being

창세기 2:7 사람이 <u>생령</u>이 되니라

위의 다르게 번역된 단어는 원래 같은 단어인 "네페쉬 하야(nephesh chayah)" 이다. 번역된 본문을 읽는 독자가 이 단어들이 같은 단어일 것이라고는 상상을 못 한다. 이런 경우가 히브리어 본문에서 수도 없이 많다.

엘 샤다이

엘 샤다이(אל שדי)는 '하나님'을 나타내는 '엘'과 '샤다이'라는 단어가 합쳐진 것이다. 대부분의 번역은 이 이름을 '전능하신 하나님'이라고 번역한다. 샤다이의 어근은 '샤드'(שד Shad)에서 출발한다. 대부분의 번역자들은 이 단어를 글자 그대로 직역하지는 않을 것이다. 왜냐하면 직역하면 무슨 의미인지 잘 이해가 안되며 또한 일부는 하나님의 이름을 모독할 수도 있게 느껴지기 때문이다.

샤다이의 어근은 '샤드'(שד Shad)인데 상형문자로는 '⊓⊔'이다. '⊔(Sh)'는 두 개의 앞이빨을 나타내며 그 의미는 '날카로움'(sharp)을 가진다. 드(⊓,d)는 문또는 문고리를 상징한다. 두 글자가 합쳐져서 '두 개의 고리(two danglers)'를 의미할 것이다. 염소는 히브리인들에게 아주 익숙한 동물이다. 염소새끼는 젖통에 달린 두 개의 젖꼭지를 누르고 빨아서 젖을 먹는다. 이 젖꼭지의 기능은 새끼들에게 모든 필요한 영양을 제공해 주는 것이다. 이것이 없다는 새끼는 죽을 수 밖에 없을 것이다. 히브리어 단어 '샤드'는 이러한 젖꼭지의 의미를 가지고 있다. 염소가 자기 새끼에게 젖꼭지를 통하여 젖을 먹이고 영양을 공급하듯이 하나님은 그의 젖과 삶에 필요한 모든 것을 공급하심으로써 그의 자녀들을 먹이신다. 이러한 모습을 다음 구절에서 볼 수 있다.

출3:8 내가 내려가서 그들을 애굽인의 손에서 건져내고 그들을 그 땅에서 인도하여 아름답고 광대한 땅, 젖과 꿀이 흐르는 땅 곧 가나안 족속, 헷 족속, 아모리 족속, 브리스 족속, 히위 족속, 여부스 족속의 지방에 데려가려 하노라

'샤드'(שַׁד Shad)라는 단어는 '젖꼭지'를 또한 상징하는데 엘(강한, mighty)과 자주 함께 사용된다. 문자적으로 직역하면 '엘 샤다이'는 '강한 젖꼭지'를 의미한다. 그래서 번역자들이 이것을 그대로 번역하는 것을 꺼려하기에 일반적으로 '전능한 하나님'으로 번역한다.

어머니

하나님을 젖꼭지를 가진 이로 묘사하는 것은 서구적인 사고로는 잘 이해가 되질 않는다. 우리에게는 아버지 하나님은 익숙하지만 어머니로서의 하나님은 익숙하지 않다. 히브리어로 어머니는 엠(אם, Em)이다. 상형문자로는 “𐤀𐤌”로 표기가 된다.

𐤀(알렙)은 강함을 나타내고 𐤌(멤)은 물을 의미한다. 어머니는 ‘강한 물’이다. 어머니는 온 가족을 하나로 묶는 강한 물이다. 하나님도 마찬가지로 온 우주를 지탱하고 묶고 있는 강한 접착제이시다. 사실 과학적으로 볼 때 온 우주의 원소들을 일정한 거리를 두고 만유인력에 의하여 규치적으로 붙들려 있다. 그것들의 공간을 없애고 합치면 야구공 하나밖에 안된다고 한다(역자 주).

문자적으로 볼 때 하나님은 온 우주를 하나로 묶고 붙들고 있는 분이시다. 하나님은 자신의 형상을 따라서 남자와 여자를 창조하셨다. 하나님 안에 있는 남성적인 특성은 남자에게 담으셨고 여성적인 특성은 여자에게 담으셨다.

창1:27 하나님이 자기 형상 곧 하나님의 형상대로 사람을 창조하시되 남자와 여자를 창조하시고

이 두 개가 합쳐져서 한 몸을 이룰 때 한 일체(unity)가 되는 것이고 진정으로 하나님을 닮은 것일 것이다.

창2:24 이러므로 남자가 부모를 떠나 그의 아내와 합하여 둘이 한 몸을 이룰지

로다

하나님은 이스라엘 나라를 젖과 꿀이 흐르는 땅으로 인도하시겠다고 약속하셨다. 엘 샤다이, 강한 젖꼭지의 하나님은 그의 자녀들의 삶을 계속적으로 공급해 주시는 젖으로 먹이실 것이다.

제7장 야훼

제7장 야훼

창2:4 이것이 천지가 창조될 때에 하늘과 땅의 내력이니 여호와 하나님이 땅과 하늘을 만드시던 날에

영어 독자들은 성경을 읽을 때에 '주님'에 대한 두 가지 표현 방식에 마주치게 된다. 하나는 'LORD'이고 다른 하나는 'Lord'이다. 처음것은 모든 것을 대문자로 표기했고 두번째는 첫글짜만 대문자로 처리하고 나머지는 소문자로 처리했다. 영어로는 같은 의미이지만 히브리어로는 아주 큰 차이가 있다.

시편 8:1 O LORD, our Lord, how majestic is your name in all the earth!

이것을 한국어 성경에서는 'LORD'는 '여호와'로 'Lord'는 '주'로 처리했다.

시편8:1 여호와 우리 주여 주의 이름이 온 땅에 어찌 그리 아름다운지요 주의 영광이 하늘을 덮었나이다

다음 장에서 '주(Lord)'으로 번역된 히브리어 단어에 대하여 살펴볼 것이다. 이 장에서는 '여호와(LORD)'로 번역된 단어에 대해서 살펴보고자 한다. 히브리어 단어 **יהוה**(YHWH, tetragrammaton)을 영어성경에서는 'LORD'로 한국어 성경에서는 '여호와'로 번역했다. 이 이름에 대해서 대충이라도 공부해본 사람이라면 이 이름의 실제 의미와 발음에 대하여 많은 논쟁이 있다는 것을 알 게 된다. **יהוה**(YHWH, tetragrammaton)을 정확하게 다시 발음과 의미를 알기 위해서는 이 이름에 대한 역사를 살펴보는 것이 필수적이다.

역사

우리는 이 이름이 고대 시대에는 구약성경의 역사를 통해서 사용되었고 발음되어 진 것을 안다.

창세기 12:8 거기서 벧엘 동쪽 산으로 옮겨 장막을 치니 서쪽은 벧엘이요 동쪽은 아이라 그가 그 곳에서 여호와(יהוה)께 제단을 쌓고 여호와(יהוה)의 이름을 부

르더니

시편 34:2 내 영혼이 여호와(יהוה)를 자랑하리니 곤고한 자들이 이를 듣고 기뻐하리로 34:3 나와 함께 여호와(יהוה)를 광대하시다 하며 함께 그의 이름을 높이세

이 이름은 상형문자로는 원래 "𐤉𐤄𐤅𐤄"로 쓰여졌다. 이스라엘 백성은 B.C 597년에 바벨론으로 끌려간 이후에 아람어의 정방형 글자가 쓰기에 더 편리한 것을 알고 아람어 알파벳을 쓰게 되었고 현대 히브리어에까지 이어지게 되었다. 이후에 "𐤉𐤄𐤅𐤄" 는 "יהוה"로 쓰여지게 된다.

바벨론 유수 이후로부터 A.D 1세기 사이의 어느 시간에 는 "יהוה"사용되지 않은 기간이 있었다. 이 글자는 더 이상 읽혀지는 것이 용납되지 않았다. 왜냐하면 그 이름은 부르기에 너무 거룩했기 때문이다. 이스라엘은 또한 그 이름의 실제 발음은 확실히 알수 없다고 믿었다. 그래서 그 이름이 잘못 발음되는 것을 방지하기 위하여 그들은 그 단어를 발음하지 않기로 했던 것이다. 그 이름을 발음하지 않기로 한 것은 십계명에 기초한다.

출애굽기 20:7 너는 네 하나님 여호와의 이름을 망령되게 부르지 말라 여호와는 그의 이름을 망령되게 부르는 자를 죄 없다 하지 아니하리라

완곡어법(Euphemism)을 통하여 그 이름을 다른 단어을 사용하여 부르는 것은 흔하게 되었다. 그러한 익숙한 완곡어법을 통하여 그 이름을 "아도나이(나의 주)", "하셈(그 이름)", "샤마임(하늘)" 그리고 "하기부르(그 능력)" 등으로 불렸다. 계속해서 이러한 완곡어법은 엘로힘 등의 하나님의 다른 이름을 부르는 데에도 사용되어 졌다. 이러한 완곡어법은 마태복음과 누가복음 등의 예수님의 비유를 담은 신약성경에서도 볼 수 있다.

> 마태복음 13:31 또 비유를 들어 이르시되 천국(하늘의 나라)은 마치 사람이 자기 밭에 갖다 심은 겨자씨 한 알 같으니 13:32 이는 모든 씨보다 작은 것이로되 자란 후에는 풀보다 커서 나무가 되매 공중의 새들이 와서 그 가지에 깃들이느니라

> 누가복음 13:18 그러므로 예수께서 이르시되 하나님의 나라가 무엇과 같을까 내가 무엇으로 비교할까 13:19 마치 사람이 자기 채소밭에 갖다 심은 겨자씨 한 알 같으니 자라 나무가 되어 공중의 새들이 그 가지에 깃들였느니라

이 비유들에서 마태는 "하늘의 왕국"이라고 칭하는 반면에 누가는 "하나님의 왕국"이라고 칭하는 것을 알아차렸을 것이다. 이러한 유사한 차이는 두 복음서 사이에서 계속해서 발견된다. 천국(하늘의 나라)는 완곡어법을 잘못이해한 예라고 볼수 있다. '하늘'은 하나님을 완곡하게 부르던 습관에서 온것이지 장소가 아니다. 하늘은 '하나님'을 말하는 것이었다.

마태의 복음은 이러한 완곡어법에 익숙한 유대인 공동체 독자들을 대상으로 쓰여졌고 반면에 누가는 이러한 완곡어법을 잘 모르는 이방인들을 상대로 쓰여

졌기에 제대로 직역한 '하나님의 나라'라는 구절을 적용했다.

신약성경에서 예를 들 수 있는 두 번째 완곡어법은 마태가 대제사장 가야바 앞에서 예수님의 재판사건을 설명하면서 '하나님'이나 '야훼' 대신에 '능력/힘'이라는 완곡어법을 쓰는 것이다.

마태복음 26:64 예수께서 이르시되 네가 말하였느니라 그러나 내가 너희에게 이르노니 이 후에 인자가 권능의 우편에 앉아 있는 것과 하늘 구름을 타고 오는 것을 너희가 보리라 하시니

세 번째 예는 신약성경이 구약성경을 인용하면서 히브리어 이름 "יהוה" 을 "주님(Lord)"로 대체하는 것이다.

이사야 40:3 외치는 자의 소리여 이르되 너희는 광야에서 여호와의 길을 예비하라 사막에서 우리 하나님의 대로를 평탄하게 하라

마태복음 3:3 그는 선지자 이사야를 통하여 말씀하신 자라 일렀으되 광야에 외치는 자의 소리가 있어 이르되 너희는 주의 길을 준비하라 그가 오실 길을 곧게 하라 하였느니라

1세기 이후부터 현재까지 독자들은 히브리어 성경에서 "יהוה"를 만나게 되면 그것을 완곡어법을 사용하여 "아도나이(나의주)"로 읽었다.

A.D 700 전후에 또 한번 히브리어에 큰 발전이 있게 된다. 글로 쓰여진 많은 히브리어가 모음이 없었다. 이에 다만 전통으로만 그것을 읽을 수 있었다. 시간이 지남에 따라 이것은 발음에 큰 차이와 변화를 일으켰다. 이에 맛소라 학파는 본문을 헤치지 않고 모음을 집어넣는 시스템을 개발함으로써 발을하는 것을 돕고 표준화시켰다. 이러한 모음들은 점 그리고 선으로 이루어져 히브리어 자음글자의 위에나 밑에 위치하게 되었다. 아래 본문은 창세기 1장 1절로서 모음이 없이 그 음가로만 표현한 것이다.

בראשית ברא אלהים את השמים ואת הארץ

brashyt bra alhym at hshmym wat harts

ㅂㄹㅇㅅㅇㅌ ㅂㄹㅇ ㅇㄹㅎㅇㅁ ㅇㅌ ㅎㅅㅎㅁㅇㅁ ㅇㅇㅌ ㅎㅇㄹㅊㅅ

아래 본문은 같은 본문에 모음을 넣은 것이다.

בְּרֵאשִׁית בָּרָא אֱלֹהִים אֵת הַשָּׁמַיִם וְאֵת הָאָרֶץ׃

bereshiyt bara elohiym et hashamayim w'et ha'arets.

베레시트 바라 엘로힘 에트 하샤마임 베에트하아레츠

맛소라 학파들이 모음을 넣을 때 'YHWH'를 만났을 때, 딜레마에 빠졌다. 왜냐하면 'YHWH'의 정확한 발음은 알려지지 않았기에 어떻게 처리를 해야할지 몰랐다. 그들의 최종 결정은 히브리어 단어 'אדוני' 의 발음을 빌려 יהוה 에 넣는 것이었다. 그리고 본문 중에서 יהוה 를 만나면 '아도나이'로 발음했다.

יְהֹוָה

발음

하나님의 이름에 대해 많은 발음에 대한 제안들이 수 세기 동안 있어 왔다. 그 중에 우리에게 익숙하고 흔한 것들은 여호와, 야훼, 야베 그리고 야후에 등이 있다. 하지만 정확한 발음은 알 수가 없기에 최종적으로 정해진 것은 없다. 다만 본문들 가운데 발음에 대한 힌트를 얻을 뿐이다. 각각의 글자를 개별적으로 살펴봄으로 좀더 자세히 알아보자.

이름의 첫 번째 글자는 히브리어 '요드'이다. 현대어 발음으로는 'Y(ㅇ)'이다. 고대 히브리어에서 이 글자는 중복되어셔서 'Y' 또는 'I'의 모음으로 사용되기도 했다.

두 번째 글자는 '헤(Hey)'이다. 현대어로 음가는 'H(ㅎ)'이다. 고대 히브리어에서 이 단어는 자음과 모음 모두로도 사용되었다. 'H' 또는 'E'의 음가를 가졌다.

세번째 글자는 '바브(vav)'이다. '바브'는 '와우'로도 불리는 데 그 이유는 히브리어와 근접한 언어인 아랍어의 영향이다. 히브리어에서는 '다윗'을 '다비드(David)'라고 발음하는 반면에 아랍어에서는 'Dawid'라고 읽는다. 이 글자도 또한 자음과 모음 모두로 발음할 수 있으며 음가는 'W', 'U'또는 'O'이다. 아래의 표는 하나님의 이름 'YHWH'를 가지고 가능한 발음들에 대한 표이다.

Hebrew	Sound
י	Y, I
ה	H, E
ו	W, O, U
ה	H, E

정확한 원래의 발음을 찾기 위해서 우리는 구약 성경 전체를 통하여 이름의 다양한 용도를 점검할 필요가 있다.

히브리어에서는 대체하는 철자법을 가지는 것이 흔하다. 예를 들면 "**אליה**"(엘리야: My God is YH)는 또한 "**אליהו**"(엘리야후: My God is YHW)로 쓰이기도 한다. "**יהוה**"도 마찬가지로 "**יה**"로 줄여서 많이 쓰인다.

시편104:35 내 영혼아 여호와를 송축하라 할렐루야(Praise YH)

할렐루야에서도 알 수 있듯이 전통적으로 하나님의 이름을 줄인 앞 부분은 '야'로 발음했다. 그리고 엘리야후에서 알 수 있듯이 세 번째 글짜까지는 발음을 유추 및 추측해볼 수 있다. 그래서 우리는 YHW를 '야후'로 추측할 수 있다. 마지막 글자 'H'는 자음 'H'로 발음되었을 것이고 그것은 묵음 또는 모음 "E"으로서 "ey" 등으로 발음되었을 것이다. 따라서 "YHWH"에 대한 두 가지 가능한 발음은 야후 또는 야후에이 등이다. 엘리야가 다양한 교차적인 발음을 가졌듯이 이 하나님의 성호는 "야", "야후" 또는 "야후에이" 등일 것이다. 다른 가능한 발음은 "야훼"이고 오늘날 흔히 사용되는 것이다. 이 발음과 앞의 다른 발음과의 차이는 "ו"를 모음으로 발음하는 것이다.

실제 정확한 발음은 찾기에 어렵기에 이 책안에서도 이후로는 "YHWH"를 야훼로 발음하도록 하겠다.

여호와

"YHWH"에 대해서 가장 흔히 널리 알려지고 쓰이는 발음은 "여호와"일 것이다. 하지만 이 발음은 오해의 결과로 만들어진 것이다. 16세기 경에 독일 성경학자는 연구를 진행 중에 "YHWH"를 히브리어 본문 중에 만나게 되고 왜 모음의 방점이 찍혔는 지에 대한 역사를 알지 못한 채 그것을 읽을려고 시도했다.

"YHWH"는 독일어로 음역이 되면서 "Jehovah"로 되었고 실제 발음은 "Ye-hovah"로 되었다. 하지만 현재의 영어에서는 Jeh-ho-vaw로 발음하게 되었다.

의미

YHWH(야훼)라는 이름은 히브리어 어근 'היה하야'(hyah)에서 출발했으며 그 의미는 '호흡'이다. 호흡이라는 의미가 확장되어 '존재하다'라는 의미가 되었다. 하나님은 영이시고 호흡이시고 바람과 같은 분이시다. 야훼라는 이름은 출애굽기 3장에서 모세에게 자신을 나타내실 때 이러한 어원과 잘 연결된다.

출애굽기 3:14 하나님이 모세에게 이르시되 나는 스스로 있는 자이니라 또 이르시되 너는 이스라엘 자손에게 이같이 이르기를 스스로 있는 자가 나를 너희에게 보내셨다 하라 3:15 하나님이 또 모세에게 이르시되 너는 이스라엘 자손에게 이같이 이르기를 너희 조상의 하나님 여호와 곧 아브라함의 하나님, 이삭의 하나님, 야곱의 하나님께서 나를 너희에게 보내셨다 하라 이는 나의 영원한 이름이요 대대로 기억할 나의 칭호니라

히브리 시문학에서 "야훼(יהוה)"는 "나는 존재한다(אהיה)"와 댓구를 이룬다. 이 두 이름은 모세와 이스라엘에게 하나님의 이름으로 채택되어졌다. 이것으로 부터 우리는 그 이름의 의미가 "호흡"이라고 결론을 내릴 수 있다.

앞에서 살펴보았듯이 히브리적 사고에서 영은 호흡이다. 사람의 호흡이 보이진 않지만 그 사람의 존재와 생명에 있어서 핵심적인 것처럼 하나님은 보이시진 않지만 사람에게 생명을 불어넣어 주시는 것은 그의 호흡이다.

창세기2:7 여호와 하나님이 땅의 흙으로 사람을 지으시고 생기를 그 코에 불어 넣으시니 사람이 생령이 되니라

제8장 주(Lord)

제8장 주

신명기10:17 너희의 하나님 여호와는 신 가운데 신이시며 주 가운데 주시요 크고 능하시며 두려우신 하나님이시라 사람을 외모로 보지 아니하시며 뇌물을 받지 아니하시고

영어에서는 "주"라는 단어를 두 가지 형태로 표시한다. 하나는 전체를 대문자로 표시하는 경우이고 즉 "LORD"인데 이는 앞의 장에서 살펴보았다. 두 번째 경우는 "Lord"로 표시하는 경우인데 이 번장에서 다룰 내용이다. 히브리어 단어 "אדן"(아돈)은 영어에서 대부분 "Lord"(주)로 번역된다. 흔히 이 단어는 성경에서나 기도 등에서 사용되는데 그 실제적인 의미는 또한 사라져 있다.

"אדן"(아돈)은 그 어근인 "דן (단)"을 살펴보는 것으로 연구를 시작하고자 한다. 고대 상형문자로 이 글자는 ""로 나타난다. 이 두 글자는 모두 이 앞에서 설명한 적이 있다. "(d)"는 "문(door)"을 의미하며 "들어가는"등의 의미를 가진다. 또한 “(n)”이란 글자는 “씨”를 의미하며 “지속되는 생명” 등을 의미한다. 이러한 두 글자가 합쳐지면 그 의미는 “생명의 문” 또는 “지속되는 생명으로 들어간다”가 된다.

이 단어에서 파생된 또 다른 단어는 “דין (딘)”인데 그 의미는 “판단하다, 심판하다(to judge)”이다. 우리는 창세기 15장 14절에서 이러한 순전함을 찾는 것을 볼 수 있다. 아브라함의 후손들은 부당하게 노예로 취급을 당하는 데 하나님은 그들을 죄로 징벌하시면서 이스라엘을 생명으로 이끄신다.

> **창세기15:14 그들이 섬기는 나라를 내가 징벌할지며 그 후에 네 자손이 큰 재물을 이끌고 나오리라**

다음의 두 구절에서 “ דין (딘)”은 문제나 짐으로부터의 구원의 의미로 사용된다. 구원자가 적들로부터 어떤 이의 생명을 구원하는 것처럼 사사도 또한 생명을 가져온다.

> **시편 54:1 하나님이여 주의 이름으로 나를 구원하시고 주의 힘으로 나를 변호하소서**

> **시편 135:14 여호와께서 자기 백성을 판단하시며 그의 종들로 말미암아 위로를 받으시리로다**

이제까지 우리는 “דן (단)”이 “생명으로 들어가는 것”을 의미하며 그것의 파생된 어근인 "דין (딘)"은 "다른 이에게 생명을 가져다 주는 것"이라는 것을 살펴보았다.

이제 우리는 위의 단어들로부터 파생된 "אדן(아돈: 주님)"에 이르게 되었는데 그 의미는 "생명을 가져다 주는 이" 또는 "영속하는 생명으로 문을 열어주는 사람"을 의미한다.

고대 히브리 문화에서 각각의 가정은 그 자체로 왕국이었고 그 가정의 가장은 왕이었다. 이 왕의 손에 생명을 취하거나 허락할 수 있는 권위가 있었다. 이러한 이유로 그는 "אדן(아돈: 주님)"으로 여겨졌다. 족장 시대에 가장은 집안에서 생명을 가져다 주며 그것을 결정하고 판단하는 이었다. 야곱이 그의 가족을 떠나 도피할 때, 에서가 그 집안의 가장이 되었고 그는 "아돈"이었다. 야곱이 돌아왔을 때 그는 에서를 두려워하였고 그의 생명을 에서가 살려주기를 바라며 자신을 종으로 표현하며 에서에게 다가왔다.

창세기 32:18 대답하기를 주의 종 야곱의 것이요 자기 주 에서에게로 보내는 예물이오며 야곱도 우리 뒤에 있나이다 하라 하고

모세도 또한 이스라엘의 구원자이며 사사인 "아돈(주님)"으로 불린다.

민수기 11:28 택한 자 중 한 사람 곧 모세를 섬기는 눈의 아들 여호수아가 말하여 이르되 내 주 모세여 그들을 말리소서

창세기 1장 1절에서 하나님이 모든 것을 창조하셨다. 모든 생명은 하나님에 의해서 주어졌고 그는 모든 창조물에 대하여 "아돈"이며 "주"이시다.

스가랴 6:5 천사가 대답하여 이르되 이는 하늘의 네 바람인데 온 세상의 주 앞에 서 있다가 나가는 것이라 하더라

이름을 주는 주님

고대시대에서는 주인이 자신의 아래에 있는 자들에게 이름을 주는 것이 일반적이었다. 이러한 예는 우리가 다니엘서에서 느부갓네살이 다니엘과 세 친구의 이름을 바꾸는 예에서도 볼 수 있다.

다니엘1:6 그들 가운데는 유다 자손 곧 다니엘과 하나냐와 미사엘과 아사랴가 있었더니 1:7 환관장이 그들의 이름을 고쳐 다니엘은 벨드사살이라 하고 하나냐는 사드락이라 하고 미사엘은 메삭이라 하고 아사랴는 아벳느고라 하였더라

다른 많은 곳에서도 아브람과 사래가 아브라함과 사라로 그리고 야곱이 이스라엘로 이름이 바뀐다. 이름이 바뀌는 가장 큰 이유는 그 개인의 성격이 변했기 때문이다. 왜냐하면 이름 안에 그의 성격이 반영되어 있기 때문이다.

아브라함의 경우에는 이러한 이유들이 맞지않다. 그것을 이제부터 상세하게 설명하고자 한다. 아브라함의 원래 이름은 아브람(Abram: אברם)이었다. 아브람은 '아브(אב)'와 '람(רם)'이 합쳐진 단어이다. 그런데 하나님은 이 이름을 아브라함으로 바꾸셨다. 아브라함은 '아브(אב)'와 '라함(רהם)'이 합쳐진 단어이다. 처음의 '아브'는 '아비' 즉 '아버지'를 의미하는 것으로 같은 데 뒤에 있는 단어들이 차이가 있다. '람(רם)은 '높은' 또는 '존귀한' 등을 의미하고 '라함(רהם)'은 성경에서 이곳에서만 등장한다.

새로운 이름인 아브라함에 대해서는 아무도 확실하게 그 의미를 말해 주지 못한다. 학자들은 "라브(רב ,many)" 와 "함(군중, הם)"이 합쳐져서 "큰 무리, 군중의 아비"를 의미한다고 제안했다. 하지만 이것은 중간에 자음이 탈락하면서 축약형으로 되는 것은 일반적인 히브리어 변형이 아니다.

또 다른 그럴듯한 제안은 라함(רהם)이 원래의 단어이고 그것은 '높은' 또는 '존귀한' 등을 의미하는 '람(רם)'에서 출발했다는 것이다. '람'으로부터는 파생된 단어들이 많이 있다. '아람', '라암', '하람' '룸' 또는 '야람' 등이 있는 데 이 모두는 '높은' 또는 '높여진' 등을 의미한다.

아브람과 아브라함이 모두 존귀히 높여진 자의 의미를 갖는 다면 이것은 아브라함의 특성이 변화된 것때문인 것은 아니다. 그렇다면 무슨 이유로 아브라함의 이름이 바뀌었을 까?

창세기 1장에서 하나님은 온 우주의 주님으로서 모든 창조물에게 이름을 주신다. 낮과 밤, 하늘, 땅 그리고 바다 등의 이름을 지으신다. 창세기 2장에서 아담은 모든 동물들, 새들 그리고 짐승들에게 이름을 지어준다. 우리는 아담이 이 모든 것을 다스릴 것이라는 것을 본문에서 읽게 된다. 아담은 또한 그의 아내에게도 이름을 주고 그녀 역시 그의 지배를 받게 된다고 본문은 말한다(창3:16).

이러한 사실로부터 우리는 히브리적 사고에서 이름을 부여한다는 것을 이름을 받는 이를 다스린다는 것이다. 이러한 패턴은 성경 전체에서 반복된다. 성의 건설자는 성의 이름을 정하고 가정의 주인인 아버지는 그의 자녀들에게 이름을 지어준다. 사람에 의해 만들어진 신들도 사람이 그 신들을 지배한다는 개념에서 신들에게 이름을 지어준다. 느부갓네살 왕이 그의 신하가 된 포로들에게 새로운 이름을 지어준다는 것은 그가 그들의 주인임을 나타낸다.

이름을 받는 이의 주인이 이름을 주는 사람이라는 것이다. 아브람의 이름은 아브라함으로 이름이 바뀐다. 아브람은 아버지 데라가 준 이름이고 아브라함은 하나님이 주신 이름이다. 아브라함의 속성이 바꼈다기 보다는 아브라함의 주인이 바뀌었음을 의미하는 것으로 보는 것이 적절하겠다. 아브라함이 그의 아들인 이삭의 이름을 지어주는 것이 아니라 하나님께서 이삭의 이름을 지어준다(창17:19). 아브라함, 이삭 그리고 야곱 중에서 이삭만이 처음부터 하나님께서 이름을 주시고 가장 오래 장수한다. 아브라함과 야곱은 중간에 이름이 바뀐 경우이다. 예수님과 침례 요한도 그들의 부모가 아니라 천사에 의해서 이름이 주어진다.

제9장 천사

제9장 천사

창48:16 나를 모든 환난에서 건지신 여호와의 사자께서 이 아이들에게 복을 주시오며 이들로 내 이름과 내 조상 아브라함과 이삭의 이름으로 칭하게 하시오며 이들이 세상에서 번식되게 하시기를 원하나이다

히브리어 단어 '멜라크(מלאך)'는 다음 예에서 볼수있듯이 두 가지로 번역이 된다.

창50:16 요셉에게 말을 전하여 이르되 당신의 아버지가 돌아가시기 전에 명령하여 이르시기를
출23:20 내가 사자를 네 앞서 보내어 길에서 너를 보호하여 너를 내가 예비한 곳에 이르게 하리니

천사를 의미하는 히브리어 단어 멜라크(מלאך)는 '걷다'라는 히브리어 단어

할라크(הלך)와 전치사 멤(מ)이 합쳐진 것이다. 여기서 파생된 라아크(לאך)는 어근이 "לך"이다. 이 글자는 상형문자로 "ɯᒍ"로 쓴다. "ᒍ"는 이전에서 살펴보았듯이 '지팡이'를 상징하고 "ɯ"는 손바닥을 상징한다. 이 두 글자가 합쳐져서 손바닥에 지팡이는 가진 것은 걷는 것을 나타낸다. 사람은 걸을 때 손에 지팡이를 잡고 걷는다. 따라서 천사, 멜라크(מלאך) 는 다른이를 대신해서 걷는 사람을 나타낸다. 즉, 사자 또는 소식을 전하는 메신저를 말한다. 또한 하나님을 위해서 걷는 이 즉 천사로 번역된 이를 말한다.

야곱이 그의 아들 요셉을 축복할 때 그는 하나님을 '멜라크'로 칭한다. 야곱은 히브리 시문학을 사용하면서 흔히 사용되는 댓구법을 이용해 하나님을 그의 구원자, 구속자 되심을 세 가지의 다른 방식으로 표현한다.

> **창세기 48:15 그가 요셉을 위하여 축복하여 이르되 내 조부 아브라함과 아버지 이삭이 섬기던 하나님, 나의 출생으로부터 지금까지 나를 기르신 하나님, 16 나를 모든 환난에서 건지신 여호와의 사자께서 이 아이들에게 복을 주시오며 이들로 내 이름과 내 조상 아브라함과 이삭의 이름으로 칭하게 하시오며 이들이 세상에서 번식되게 하시기를 원하나이다**

하나님은 이스라엘 나라를 약속하신 땅으로 인도하시는 다음의 요약에서 볼 수 있는 것처럼 또한 그 자신을 자신의 사자로 보내실 수 있다.

천사가 이스라엘을 인도한다

출3:8 내가 내려가서 그들을 애굽인의 손에서 건져내고 그들을 그 땅에서 인도하여 아름답고 광대한 땅, 젖과 꿀이 흐르는 땅 곧 가나안 족속, 헷 족속, 아모리 족속, 브리스 족속, 히위 족속, 여부스 족속의 지방에 데려가려 하노라

하나님은 이스라엘이 애굽에서 노예로 속박되어 살면서 부르짖는 것을 들으시고 그들을 구출하시어 약속의 땅으로 인도하신다. 이스라엘은 구원박고 광야로 들어간 이후에 불평하기 시작했다. 하나님은 불 타오르는 나무 가운데에서 모세를 만나실 때, 그의 계획을 모세에게 말씀하셨다.

출23:20 내가 사자를 네 앞서 보내어 길에서 너를 보호하여 너를 내가 예비한 곳에 이르게 하리니 21너희는 삼가 그의 목소리를 청종하고 그를 노엽게 하지 말라 그가 너희의 허물을 용서하지 아니할 것은 내 이름이 그에게 있음이니라

출33:2 내가 사자를 너보다 앞서 보내어 가나안 사람과 아모리 사람과 헷 사람과 브리스 사람과 히위 사람과 여부스 사람을 쫓아내고 33:3 너희를 젖과 꿀이 흐르는 땅에 이르게 하려니와 나는 너희와 함께 올라가지 아니하리니 너희는 목이 곧은 백성인즉 내가 길에서 너희를 진멸할까 염려함이니라 하시니

하나님께서 그의 사자가 그들을 약속의 땅으로 인도할 것이라고 선언한 이후에, 실제로 그 땅으로 그들의 길을 준비하는 이는 야훼라는 것을 우리는 본문 속에서 읽게된다.

민수기14:14 이 땅 거주민에게 전하리이다 주 여호와께서 이 백성 중에 계심을 그들도 들었으니 곧 주 여호와께서 대면하여 보이시며 주의 구름이 그들 위에 섰으며 주께서 낮에는 구름 기둥 가운데에서, 밤에는 불 기둥 가운데에서 그들 앞에 행하시는 것이니이다

신명기1:32 이 일에 너희가 너희의 하나님 여호와를 믿지 아니하였도다 33 그는 너희보다 먼저 그 길을 가시며 장막 칠 곳을 찾으시고 밤에는 불로, 낮에는 구름으로 너희가 갈 길을 지시하신 자이시니라

신명기9:3 오늘 너는 알라 네 하나님 여호와께서 맹렬한 불과 같이 네 앞에 나아가신즉 여호와께서 그들을 멸하사 네 앞에 엎드러지게 하시리니 여호와께서 네게 말씀하신 것 같이 너는 그들을 쫓아내며 속히 멸할 것이라

위의 구절들을 통해서 보면 하나님은 이스라엘 백성들을 약속의 땅으로 인도하실 것이라 약속하셨다. 하지만 이스라엘 백성들의 곧은 목 때문에 그 자신이 그들을 인도하지 않고 그의 사자를 보내시는 것처럼 보인다.

출애굽기33:11 사람이 자기의 친구와 이야기함 같이 여호와께서는 모세와 대면하여 말씀하시며 모세는 진으로 돌아오나 눈의 아들 젊은 수종자 여호수아는 회막을 떠나지 아니하니라

출애굽기 33:20 또 이르시되 네가 내 얼굴을 보지 못하리니 나를 보고 살 자가 없음이니라 33:21 여호와께서 또 이르시기를 보라 내 곁에 한 장소가 있으니 너는 그 반석 위에 서라 33:22 내 영광이 지나갈 때에 내가 너를 반석 틈에 두고 내가 지나도록 내 손으로 너를 덮었다가 33:23 손을 거두리니 네가 내 등을 볼 것이요 얼굴은 보지 못하리라

위의 구절을 단순하게 읽으면 모세는 하나님의 얼굴을 보는 것이 허락되지 않았다. 하지만 또 다른 구절은 모세가 하나님과 대면하여 보았다고 한다. 서로 상충되는 것처럼 보인다. 이러한 분명한 차이에 대해서 해석하는 다양한 방식이 있다. 그것을 다룰려고 하는 것이 나의 의도는 아니다. 한 가지를 설명하자면 본문안에는 야훼라고 불리는 "야훼의 사자"가 있다. 다음 섹션에서 우리는 야훼로만이 아니라 하나님으로도 불리는 "야훼의 사자"에 대해서 살펴보고자 한다.

주님의 사자(천사)

출3:1 모세가 그의 장인 미디안 제사장 이드로의 양 떼를 치더니 그 떼를 광야 서쪽으로 인도하여 하나님의 산 호렙에 이르매 3:2 여호와의 사자가 떨기나무 가운데로부터 나오는 불꽃 안에서 그에게 나타나시니라 그가 보니 떨기나무에 불이 붙었으나 그 떨기나무가 사라지지 아니하는지라

성경 전체를 통하여 여호와의 사자는 모세가 타오르는 불길 가운데에서 마주친 것처럼 어떤 한 개인으로 보인다. 이 사자는 어떤 특정한 천사이든지 아니면 하나님 자신인가? 아래 본문에서도 그렇고 다른 본문에서도 마찬가지로 여호와는 그 자신의 사자이다.

출애굽기3:4 여호와께서 그가 보려고 돌이켜 오는 것을 보신지라 하나님이 떨기나무 가운데서 그를 불러 이르시되 모세야 모세야 하시매 그가 이르되 내가 여기 있나이다 3:5 하나님이 이르시되 이리로 가까이 오지 말라 네가 선 곳은 거룩한 땅이니 네 발에서 신을 벗으라 3:6 또 이르시되 나는 네 조상의 하나님이니 아브라함의 하나님, 이삭의 하나님, 야곱의 하나님이니라 모세가 하나님 뵈옵기를 두려워하여 얼굴을 가리매

여호와의 사자는 이제 그 조상의 하나님으로 불려진다. 모세는 이 분이 그가 얼굴을 보기를 두려워 했던 그 하나님이라는 것을 알았다. 왜냐하면 하나님의 얼굴을 보는 자는 죽을 것이기 때문이다.

출3:15 하나님이 또 모세에게 이르시되 너는 이스라엘 자손에게 이같이 이르기를 너희 조상의 하나님 여호와 곧 아브라함의 하나님, 이삭의 하나님, 야곱의 하나님께서 나를 너희에게 보내셨다 하라 이는 나의 영원한 이름이요 대대로 기억할 나의 칭호니라

여호와의 사자는 하나님이다. 야훼는 또한 하나님이다. 결론적으로 여호와의 사자는 야훼 그자신이다.

제10장 왕

제10장 왕

시편47:7 하나님은 온 땅의 왕이심이라 지혜의 시로 찬송할지어다

이 장에서는 히브리어 단어 '멜렉(מלך)'에 대해서 살펴보고자 한다. 이 단어의 원래 어원은 '라크(לך)'이다. 이 단어는 앞의 장에서 '사자(멜라크)'를 설명하면서 다루었다. 히브리어는 '멤()'이라는 글자를 앞쪽에 위치시킴으로써 명사를 만들기도 한다. '멤'의 고대 상형문자는 '𐤌'모양인데 이는 물을 상징하며 그 의미는 '강력함'을 나타내는 데 그 이유는 바다의 거대한 크기 때문이다. 고대 히브리적 사고에서 '멜렉'은 손에 지팡이를 들고 있는 강력한 사람을 가리킨다. 왕은 그의 권위의 상징으로 홀이나 지팡이를 가지고 다닌 강력한 사람이었다. 상형문자로 보면 왕은 또한 걸어다니는 강력한 사람이다. 고대 왕들은 왕좌에만 평생 앉아서 멀리서 백성들을 다스리기보다는 백성들 가운데 걸어다니면서 그들을 다스렸다. 또한 왕은 전쟁에서 군대를 이끌었다. 요시야 왕이 전쟁에서 죽은 것처럼 말이다. 하나님은 단순히 보좌에 앉아만 계시는 분이 아니다. 그는 그의 백성들 가운데 걸으신다.

신명기23:14 이는 네 하나님 여호와께서 너를 구원하시고 적군을 네게 넘기시려고 네 진영 중에 행하심이라

언약

우리는 앞에서 맹세나 언약을 의미하는단어인 "알라(alah:)"를 살펴보았다. 하지만 히브리어 단어 중에 '언약'을 나타내는 더 일반적인 단어는 "베리트()"이다. "베리트"는 곡식을 의미하는 "바르()"가 어근이다. 가축들을 살찌우기 위하여 곡식을 먹인다. 이렇게 살이 찐 짐승들은 나중에 제사를 드리는데 사용되어 진다. 언약이 체결되어 질 때마다 왕과 그의 백성들 사이에는 이러한 짐승들이 두 개로 나뉘어 쪼개어 진다. 그리고 나서 그 피는 언약의 당사자들 간에 뿌려지게 된다. 영어로 "언약을 체결하다"라고 번역된 문장 뒤에는 히브리어로 "karat beriyt"가 놓여져 있다. 이 문장을 직역하면 "살찐 고기를 자르다"이다. 사실 언약의 당사자들은 짐승을 자르면서 내가 언약을 어기면 이와 같이 될것이오라고 맹세하고 있는 것이다.

예레미야34:18 송아지를 둘로 쪼개고 그 두 조각 사이로 지나매 내 앞에 언약을 맺었으나 그 말을 실행하지 아니하여 내 계약을 어긴 그들을

성경전체를 통하여 우리는 하나님을 그의 백성과 언약을 맺으시는 왕으로 보게 된다. 이러한 속약 속에서 계약의 당사자들은 그 언약의 조건에 동의한다. 하나님은 시내산에서 이스라엘과 언약을 맺으시는 데 하나님은 선한 왕으로서 그들을 공급하시겠다고 약속하시고 이스라엘은 그 왕의 율법들을 지키겠다고 동의했다.

언약을 지키는 것

성경은 자주 언약을 지키는지 파괴하는지 언급을 하며 그것은 일반적으로 순종 또는 불순종으로 해석된다. 만약에 불순종이 계약을 파괴하는 것이라면, 이스라엘은 언약 안에서 존재할 수가 없다. 히브리적 관점에서 "지키다"라는 의미를 살펴보자.

출애굽기19:5 세계가 다 내게 속하였나니 너희가 내 말을 잘 듣고 내 언약을 지키면 너희는 모든 민족 중에서 내 소유가 되겠고

히브리어로 '지키다'는 '샤마르(שמר)'이다. 이 단어를 순종으로 해석한다면 우리는 이 문장을 "언약을 순종하다"라고 쉽게 해석해 버린다. 이러한 해석이 꼭 문맥과 들어맞는 것은 아니다.

민수기6:24 여호와는 네게 복을 주시고 너를 지키시기를 원하며

분명히 위의 구절에서 '샤마르'는 '지키다'로 번역이 되었고 '순종하다'라고 번역이 될 수 없다. 만약 우리가 이것을 순종하다로 번역한다면, "여호와는 네게 복을 주시고 너에게 순종하기를 원하며"로 번역이 되고 말 것이다. 말도 안되는 번역이다.

이 단어의 원래 의미는 목자가 그의 양떼를 밤새 지키기 위하여 세운 울타리를 의미한다. "샤마르"는 양 떼를 보호하기 위하여 세워졌다. 따라서 '언약을 지키다'라는 의미는 단순히 순종한다는 의미가 아니라 그 언약을 보호한다는 의미이다. 언약에 대한 개개인의 태도가 문제다. 그 개인이 목자가 그의 양떼를 지키듯이 그것을 지키는 사람인가? 아니면 그 언약을 파괴하는 사람인가?

언약을 파괴하는 것

"지키다"가 원래 히브리적 의미에서 오해가 있었던 거처럼 "어기다"도 단순히 불순종으로만 해석되는 것은 잘못 이해한 것이다.

레위기26:15 내 규례를 멸시하며 마음에 내 법도를 싫어하여 내 모든 계명을 준행하지 아니하며 내 언약을 배반할진대 26:16 내가 이같이 너희에게 행하리니 곧 내가 너희에게 놀라운 재앙을 내려 폐병과 열병으로 눈이 어둡고 생명이 쇠약하게 할 것이요 너희가 파종한 것은 헛되리니 너희의 대적이 그것을 먹을 것임이며

"깨다, 파괴하다"를 나타내는 히브리어 단어는 "파라르(parar, פרר)"이다. 이 단어의 원래 의미는 "곡식을 짓밟다"이다. 추수된 곡식은 타작 마당에 풀어 헤쳐진 다음에 소로 하여금 그 위를 밟고 지나가게 하여 껍질 속의 알곡이 나와서 사람이 그것을 먹게된다. "언약을 파괴하다"는 완전히 언약을 무시하는 것이다. 언약을 바닥에 던지고 그것을 밟고 지나가고 있는 것이다. 앞에서 보았듯이 언약을 지키고 또는 그것을 파괴한다는 것은 그 언약에 대한 태도이다. 그것을 소중히 여기고 존중하든 지 아니며 무시하고 아무 가치가 없게 여기는 것이다.

종들

고대 시대에 한나라의 왕국 안에는 두 종류의 사람이 있다. 한 부류는 국민이고 다른 한 부류는 종이다. 일반 국민은 나라에 대해서는 의무적인 것만 책임을 다하고 자신과 자신의 가족 등에 더 관심이 있다. 하지만 왕의 종으로 사는 사람의 경우에는 그의 삶의 목적이 오로지 왕이다. 종의 삶에서 유일한 목적은 왕의 필요, 왕의 소망 그리고 왕의 뜻을 행하는것이다. 선한 청지기 즉 좋은 종은 왕을 잘 살피고 배우고 연구하여 왕의 필요와 뜻을 잘 알 수 있다. 그 종은 왕이 무엇을 하고자 하는 지 잘 안다. 왜냐하면 왕의 뜻이 이미 그 자신 안에도 있기 때문이다. 그 종은 왕과 하나(에하드, **אחד**)가 되었다.

히브리어로 종을 의미하는 '에베드'는 '섬기다' 또는 '예배하다'를 의미하는 히브리어 단어 **עבד**'아바드'에서 왔다. 이 단어는 주로 두 가지 의미로 번역된다.

여호수아22:27 우리가 여호와 앞에서 우리의 번제와 우리의 다른 제사와 우리의 화목제로 섬기는 것을 우리와 너희 사이와 우리의 후대 사이에 증거가 되게 할 뿐으로서 너희 자손들이 후일에 우리 자손들에게 이르기를 너희는 여호와께 받을 분깃이 없다 하지 못하게 하려 함이라

창2:15 여호와 하나님이 그 사람을 이끌어 에덴 동산에 두어 그것을 경작하며 지키게 하시고

히브리적 사고에서 일하는 것과 예배하는 것을 구분하지 않는다. 화장실을 청소하는 것과 예배시간에 찬송을 올리는 것은 같은 섬김이고 예배인 것이다. 왕에 대한 우리의 섬김은 우리의 모든 삶의 측면을 포함시킨다.

고전10:31 그런즉 너희가 먹든지 마시든지 무엇을 하든지 다 하나님의 영광을 위

하여 하라

마태4:10 이에 예수께서 말씀하시되 사탄아 물러가라 기록되었으되 주 너의 하나님께 경배하고 다만 그를 섬기라 하였느니라

제11장 아버지

제11장 아버지

이사야63:16 주는 우리 아버지시라 아브라함은 우리를 모르고 이스라엘은 우리를 인정하지 아니할지라도 여호와여, 주는 우리의 아버지시라 옛날부터 주의 이름을 우리의 구속자라 하셨거늘

히브리어로 아버지는 아브(Abh, אב)이다. 그 어근은 알렙과 베트과 합쳐진 단어이다. 알렙은 수소(ᐅ)를 상징하며 힘과 강함을 상징하고 베트는 집과 텐트(ᗢ)를 상징한다. 아버지는 집을 든든하게 받들고 있는 기둥과 같은 가족의 힘이다. 아버지는 집안의 강한 힘이라고 할 수 있다.

행동의 단어들

히브리어와 우리 자신들의 언어와는 차이가 있다. 근대의 서구 언어에서 명사는단순히 장소나 사물을 정의한다. 반면에 동사는 명사의 행동을 묘사한다. 명사 그 자체는 어떤 종류의 동작도 없다. 서양 언어의 단어 중 “무릅”이나 “선물” 등의 명사는 동작의 개념이 들어있지는 않다.

고대 히브리인들은 활동적인 아주 열정적인 사람들이었다. 이에 모든 사물들 안에서 움직임을 보았고 그들의 어휘들은 그들의 삶의 방식을 나타내주었다. 고대 히브리어는 명사와 동사 간에 그렇게 큰 구분이 있지는 않았다. 히브리어 단어 ‘바락(ברך)’은 ‘무릅을 구부르다’를 말하고 명사인 ‘베렉’은 ‘구부리는 무릎’을 의미한다. 그 두 단어는 자음 철자는 동일하고 단지 모음만 다르게 발음할 뿐이다.

동사 ‘바락’은 일반적으로 ‘축복하다’라고 번역이 된다. 하지만 이것은 추상적인 의미의 개념이다. 좀 더 히브리적 사고로 구체적인 의미는 ‘무릎을 꿇고 오는 것’이다. 이것은 다음의 예에서 처럼 문자적 직역이면서 또한 은유적이다.

시편95:6 오라 우리가 굽혀 경배하며 우리를 지으신 여호와 앞에 무릎을 꿇자

시편29:11 여호와께서 자기 백성에게 힘을 주심이여 여호와께서 자기 백성에게 평강의 복을 주시리로다

원래의 히브리적 의미로 이해될 때, 본문은 더 생동감있게 다가온다.

아들

너무 자주 우리는 우리와 하나님의 관계를 하나님은 아주 높은 곳에 앉아 계시고 우리는 그 아래에 아주 낮게 존재하는 것으로만 보아왔다. 하나님은 가족이라는 구조를 만드시고 그걸 통해서 하나님과 그의 자녀들 간의 진정한 관계를 가르쳐 주시기를 원했다.

히브리어로 아들은 “벤(בן)”이다. 고대 상형문자로는 “”로 쓴다. 이 단어는 히브리적 사고로는 “텐트가 지속된다”라는 의미를 지닌다. “”는 천막을 나타내고 “”은 다음 세대를 이어주는 씨앗을 상징한다. 이 단어는 또한 집안은 계속 지속된다의 의미이기도 하다.

텐트는 염소털로 짜서 만들었다. 시간이 지남에 따라 햇볕에 바래고 천이 약해짐에 따라 계속해서 그것을 교체해야만 했다. 여성들은 매년 새로운 염소털로 된 새로운 판넬을 만들어야 했고 교체해야만 했다. 마찬가지고 가족도 계속해서 자녀들의 출생으로 새로워져야만 했다. 가족수가 늘어감에 따라 텐트는 커져야만 했고 더 많은 판넬 등이 만들어 지고 추가되어져야 했다.

천막의 천이 햇빛으로 하얗게 바래지는 것처럼 나이가 많은 사람들은 머리가 하얗게 변한다. 그들은 죽음으로 사라지고 그들의 자녀가 그 자리를 대신한다 . 우리는 나이를 말할 때 “그는 오십세이다”라고 표현하는 데 히브리어는 나이를 말할 때 꼭 “벤”이란 단어를 앞에 붙인다. 직역을 하면 “그는 오십살의 아들이다”라는 표현이 된다. 또 다른 표현으로는 “그는 오십개의 판넬을 바꿨다”이다. 그의 평

생동안 그는 50 개의 판넬을 교체했다.

"벤"으로 부터 파생된 단어인 "바나(banah, בנה)"는 직역하면 "집을 건설하다"이다. 집의 건물은 판넬들로 지어지고 가족은 자녀로 세워진다.

창세기33:17 야곱은 숙곳에 이르러 자기를 위하여 집을 짓고 그의 가축을 위하여 우릿간을 지었으므로(בנה) 그 땅 이름을 숙곳이라 부르더라

창세기30:3 라헬이 이르되 내 여종 빌하에게로 들어가라 그가 아들을 낳아 내 무릎에 두리니 그러면 나도 그로 말미암아 자식을 얻겠노라(בנה) 하고

아버지는 어느날 그를 대신할 그의 아들들을 통해서 그의 가족을 세운다. 아버지에게는 자녀에게 집안의 가훈이나 중요하게 생각하는 가치를 가르치고 지도할 의무가 있다. 이후에 그들이 그 집안을 이끌 때에, 그 아들은 아버지의 뜻에 따라 집안을 이끌게 될 것이다. 히브리어로 '가르치다' 또는 '이해하다'라는 의미를 지닌 단어 '빈(בין)'의 어근 또한 "벤(בן)"이다. 아버지는 그의 집을 자녀들을 기르고 지도함으로써 세운다.

하나님의 자녀로서 우리의 의무는 우리의 아버지 되신 하나님으로부터 잘 듣고 배워서 그분의 뜻을 따르도록 자라나는 것이다.

시편40:8 나의 하나님이여 내가 주의 뜻 행하기를 즐기오니 주의 법이 나의 심중에 있나이다 하였나이다

앞의 성경 구절에서 “주의 법”은 “주의 뜻”과 댓구를 이룬다. “주의 법”은 우리가 아주 많이 사용하며 잘못 이해하고 있는 단어 중에 하나이다.

가르침

히브리어 단어 '토라(תורה)'는 흔히 '율법'으로 번역된다. 하지만 그 정확한 의미는 '가리킴, 가르침'으로 풀이된다. 다음의 성경구절을 살펴보자.

잠언1:8 내 아들아 네 아비의 훈계를 들으며 네 어미의 법을 떠나지 말라

잠언3:1 내 아들아 나의 법을 잊어버리지 말고 네 마음으로 나의 명령을 지키라

토라 (תורה) 의 히브리적 의미를 온전히 이해하기 위해서 어근인 “יר/”부터 살펴보자. 요드()는 손을 상징하고 레쉬()는 사람의 머리를나타낸다. 두 글자가 합쳐져서 사람의 손 또는 던지다의 의미를 지닌다.

앞의 단어로 부터 ‘야라(yarah, ירה)’동사가 나왔는 데 이는돌, 화살 등을 던지거나 손가락으로 가리키는 것을 나타낸다. 여기에서 ‘지시하다, 가리키다’라는 의미가 나온다. 야라 동사에서 모레(moreh, מורה)와 토라(torah, תורה)가 나온다.

모레 (moreh, מורה)는 던지는 사람을 말한다. 이것은 선생(또는 아버지)을 말한다. 또는 궁수를 말하기도 한다. 히브리어 단어 하타(chata, חטא)는 표적을 놓치다라는 의미이다. 즉 궁수가 과녁을 빗나가는 것을 말한다.

이 단어는 학생이나 자녀가 그의 목표나 방향을 잃어버렸을 때에도 말한다. 이러한 경우 하타는 '죄'로 칭해진다. 죄는 표적을 놓치는 것이다. 즉 우리 하늘의 아버지께서 우리에게 지시하신 그 목표를 놓치는 것이다.

야라에서 파생된 두 번째 단어는 토라 (torah, תורה) 인데 그 의미는 모레가 던진 것이다. 이것은 궁수의 화살이 될 수도 있고 선생이나 아비가 가리키는 방향을 나타낼 수도 있다.

토라를 법으로 표현하는 것은 아버지를 조련사로 부르는 것과 같을 것이다. 아버지가 훈육하고 조련하는 사람이 맞지만 그것이 전부는 아니다. 토라도 마찬가지다. 토라 안에는 율법의 특성이 있지만 그것만이 전부는 아니다. 율법은 어떤 정적인 규정들의 모음이다. 하지만 토라는 움직이는 교훈들의 모음이다. 불순종할 때에는 벌을 내리기도 하고 순종을 잘 할 때에는 칭찬이 따른다.

아버지는 자녀에게 인생을 어떻게 살아야 건강하고 옳고 풍요롭게 되는 지를 가르쳐 준다. 하나님은 그의 자녀들에게 같은 것을 가르쳐 주시는 아버지이시다.

시편94:12 여호와여 주로부터 징벌을 받으며 주의 법으로 교훈하심을 받는 자가 복이 있나니

사랑

신명기6:5 너는 마음을 다하고 뜻을 다하고 힘을 다하여 네 하나님 여호와를 사랑하라

‘사랑’이라는 단어를 생각할 때 우리는 감정적인 단어로 생각한다. ‘사랑’이라는 개념을 이해하기 위해서 우리는 “אהב (아합:ahabh)”이라는 단어의 어근과 그로부터 파생된 단어들을 살펴보고자 한다.

아합의 어근은 “ 𐤄𐤁 (habh)”인데 상형문자로는 bh로 쓴다. “𐤄”는 사람이 팔을 하늘로 향하고 있는 모양인데 마치 “저것을 보라”라고 말하는 것처럼 보인다. “𐤁”는유목민의 천막 즉 집을 상징한다. 이 두 글자가 합쳐져서 “집을 보라”라는 의미를 유추할 수 있다.

‘아합’으로부터 파생된 두 개의 다른 단어를 살펴보고자 하는 데 첫번째는 ‘야합(יהב)’이다. 그 의미는 “선물로서 주다 또는 특권을 주다”이다.

창세기29:21 야곱이 라반에게 이르되 내 기한이 찼으니 내 아내를 내게 주소서 내가 그에게 들어가겠나이다

창세기30:1 라헬이 자기가 야곱에게서 아들을 낳지 못함을 보고 그의 언니를 시기하여 야곱에게 이르되 내게 자식을 낳게 하라 그렇지 아니하면 내가 죽겠노라

시편29:1 너희 권능 있는 자들아 영광과 능력을 여호와께 돌리고 돌릴지어다

가족에게 아이가 태어난 다는 것은 선물로 여겨진다. 아이에게도 또한 자기가 태어난 그 가족은 특권이자 선물이다. 결혼을 통해서 아내는 남편에게 남편은 아내에게 각자 선물같은 존재이다.

두 번째 살펴볼 아합(אהב)은 일반적으로 '사랑'으로 번역되는 데 그 의미는 '선물을 잘 돌보는 것'로 유추된다. 가족 구성원들은 다른 가족의 구성원을 가르치고, 필요한 것을 제공하고, 아끼고 보호해야 한다.

창세기24:67 이삭이 리브가를 인도하여 그의 어머니 사라의 장막으로 들이고 그를 맞이하여 아내로 삼고 사랑하였으니 이삭이 그의 어머니를 장례한 후에 위로를 얻었더라

창세기29:18 야곱이 라헬을 더 사랑하므로 대답하되 내가 외삼촌의 작은 딸 라헬을 위하여 외삼촌에게 칠 년을 섬기리이다

아합(אהב)은 감정이 아니라 행동이고 의무이다. 사람에게 그것은 선택한 것이 아니라 그 구성원으로서의 특권으로 주어진 것이다. 아버지는 아내와 자녀를 하나님께서 주신 선물이라고 여긴다. 그리고 그것을 잘 보호하고 감당해야 할 대상이다. 아내와 자녀들에게도 아버지는 선물이고 사랑해야할 대상이다. 이러한 구조 속에서 가족은 하나(אחד)가 된다. 우리가 하나님을 사랑하는 것은 감정적인 것이 아니다. 우리는 그의 목소리를 들어야 하고 그로부터 배워야 하고 그의 가르침대로 걸어야 한다. 하나님을 사랑한다는 것은 그러한 의무를 다하는 것이다. 그렇게 할 때에 우리는 하늘에 계신 우리 아버지와 하나가 된다.

신명기 6:4 이스라엘아 들으라 우리 하나님 여호와는 오직 유일한 여호와이시니 6:5 너는 마음을 다하고 뜻을 다하고 힘을 다하여 네 하나님 여호와를 사랑하라

제12장 구원자

제12장 구원자

이사야43:3 대저 나는 여호와 네 하나님이요 이스라엘의 거룩한 이요 네 구원자 임이라 내가 애굽을 너의 속량물로, 구스와 스바를 너를 대신하여 주었노라

구원자에 대한 어원은 'שע(Sha)'이다. 상형문자로는 "◎ш"이다. 첫번째 글자인 'ш'는 앞니의 두 큰 이빨을 나타낸다. 앞의 이빨은 날카롭고 '자르는' 기능을 주로 담당한다. 두번째 글자 'a'는 눈을 상징하고 '살펴 봄'을 나타낸다. 두 글자가 합쳐져서 그 의미는 날까로운 눈이라는 의미이다. 이 단어의 히브리적 배경은 목자가 그 양들을 적들로부터 보호하기 위하여 날까롭게 살핀다는 의미를 가진다.

목자는 양떼들을 지키기 위해서 위험한 것들이 다가오는 지 살핀다. 위험한 지형이나 침략자들로부터 막아낸다. 목자는 막대기나 물매돌 등의 무기를 가지고 침략자를 몰아낸다. 하나님은 자주 목자로 비유되시는 데 하나님도 마찬가지로

늘 그의 양떼를 살피고 많은 문제들로부터 그들을 구원하신다.

시편23:1 여호와는 나의 목자시니 내게 부족함이 없으리로다

기쁨

"שעשע(shashua)"는 어근을 두번 중복함으로써 만들어진 단어인데 그 의미는 '기쁨'이다. '기쁨'이라는 뜻은 추상적인 의미인데, 히브리어는 구체적인 개념을 가지고 있다. 사람은 자신이 기뻐하는 것을 아주 주의깊게 살펴본다. 목자는 부모가 자신의 자녀들을 아주 기뻐하고 주의깊게 살펴보는 것처럼 목자는 양떼들을 기뻐하고 그들을 세심하게 살피시고 보호하신다.

시편119:24 주의 증거들은 나의 즐거움이요 나의 충고자니이다

시편119:174 여호와여 내가 주의 구원을 사모하였사오며 주의 율법을 즐거워하나이다

여호와는 우리의 목자이시며 우리를 기뻐하시며 계속해서 우리를 살피신다. 그는 우리의 상담자이시며 선생이시며 우리를 살피시며 우리가 어려운 문제들에 빠지지 않게 인도하신다. 양떼인 우리가 어려움을 당할 때 목자이신 그는 우리를 구원하신다.

부르짖음

양떼가 부르짖을 때 목자는 그들의 목소리를 듣고 그들을 구원하시기 위해 나타나는 것처럼, 하나님은 그의 백성들의 소리를 들으시고 그들을 구원하시기 위해 오신다. 이러한 이미지는 애굽의 속박에 있던 이스라엘을 구원하시는 하나님의 구속에서 볼수 있다.

출애굽기 3:7 여호와께서 이르시되 내가 애굽에 있는 내 백성의 고통을 분명히 보고 그들이 그들의 감독자로 말미암아 부르짖음을 듣고 그 근심을 알고 3:8 내가 내려가서 그들을 애굽인의 손에서 건져내고 그들을 그 땅에서 인도하여 아름답고 광대한 땅, 젖과 꿀이 흐르는 땅 곧 가나안 족속, 헷 족속, 아모리 족속, 브리스 족속, 히위 족속, 여부스 족속의 지방에 데려가려 하노라

“שׁוע(shavah)”에서 “부르짖음”이라는 단어가왔다.

시편 18:6 내가 환난 중에서 여호와께 아뢰며 나의 하나님께 부르짖었더니 그가 그의 성전에서 내 소리를 들으심이여 그의 앞에서 나의 부르짖음이 그의 귀에 들렸도다

하나님은 그의 양떼의 목자이시며 그의 양의 목소리를 들으신다. 그는 자신의 양들에게 오셔서 그들의 문제와 압박에서구원해 내신다.

구원

'ישע(yasha)'라는 단어는 '구원하다', '자유롭게 하다', '구출하다' 또는 '건지다' 등의 의미를 가진다. 목자는 적들로부터 그의 양떼들을 구원해내고 넓고 푸른 초장으로 자유롭게 한다. 고대 히브리적 개념에서 '구원'은 멀리 있는 미래의 것이 아니라 적들이나, 문제와 환란으로부터의 즉각적인 구원이었다. 다윗은 시편에서 하나님께 부르짖어 자신을 적들로부터 구원해달라고 부르짖는다.

시편 7:1 여호와 내 하나님이여 내가 주께 피하오니 나를 쫓아오는 모든 자들에게서 나를 구원하여 내소서

시편 18:3 내가 찬송 받으실 여호와께 아뢰리니 내 원수들에게서 구원을 얻으리로다

여기서 파생된 단어가 "예수아" 즉 '구원'이다.

시편119:174 여호와여 내가 주의 구원을 사모하였사오며 주의 율법을 즐거워하나이다

'예수아'는 구원으로 많이 번역되는데 '구출'로 번역하는 것이 좀 더 히브리어의 구체적인 개념에 가깝다. 원래의 문맥의 상황에서 보면 이 단어는 목자가 주의 깊게 살펴보다가 구출하는 개념이다. 아래의 구절을 참조하라.

시편 62:1 나의 영혼이 잠잠히 하나님만 바람이여 나의 구원이 그에게서 나오는도다 62:2 오직 그만이 나의 반석이시요 나의 구원이시요 나의 요새이시니 내가 크게 흔들리지 아니하리로다

구원자

'**ישע**(yasha)'에서 파생된 두번째 단어는 '**מושיע**(moshia)'이다. '모시아'는 구출자를 의미한다. 양을 구출하는 목자 등이 구출자이다.

사사기3:9 이스라엘 자손이 여호와께 부르짖으매 여호와께서 이스라엘 자손을 위하여 한 구원자를 세워 그들을 구원하게 하시니 그는 곧 갈렙의 아우 그나스의 아들 옷니엘이라

이 단어는 또한 '구원자'로 번역된다.

이사야49:26 내가 너를 억압하는 자들에게 자기의 살을 먹게 하며 새 술에 취함 같이 자기의 피에 취하게 하리니 모든 육체가 나 여호와는 네 구원자요 네 구속자

요 야곱의 전능자인 줄 알리라

예수

마태복음1:21 아들을 낳으리니 이름을 예수라 하라 이는 그가 자기 백성을 그들의 죄에서 구원할 자이심이라 하니라

예수의원래이름은 예수아(yeshua, **ישוע**)이다. 예수 탄생의 이야기를 읽을 때 우리는 예수님의 이름 안에 구원이라는 개념이 있다는 것을 읽게된다. 하나님은 또 다른 구원자 예수님을 보내셨다.

명령

'명령'이라는 단어는 군대에서 사용되는 것처럼 이에 대해서 질문이나 이해를 구하는 것이 아니라 바로 행동에 옮기도록 하는 개념이 우리에게 익숙하다. 이것은 서구적인 개념으로 이 단어를 이해한 또 다른 예이다. 명령으로 번역되는 히브리어 단어는 '차바(tsav, **צו**)' 또는 '미츠바(mitsvah, **מצוה**)'이다. 이 단어의 어근은 '**צה**, tsah'이다.

'**ציי**(tsiyiy)'라는 단어는 '유목'이다. 목자들은 사막에 거하면서 물과 초장을 찾아다니는 사람들이었다. 히브리어 단어 '시온'은 '사막' 또는 '표지'이다. 이 단어는 시온(ציון)이라는 장소의 이름이고 하나님의 거룩한 산을 상징한다. '가다' 또는 '나오다'라고 번역되는 'יצא(yacha)'도 이 단어에서 유추되는 데 유목민의 여행을 나타낸다.

'차브'와 '미츠바'는 직역하면 푸른 초장으로 가는 길의 표식이다. 이는 곧 생명으로 가는 길을 나타낸다.

이와 잘 평행을 이루는 것이 이스라엘이 약속의 땅으로 여행이다. 하나는 직유적이고 하나는 은유적이다. 하나님은 목자로서 이스라엘을 애굽에서 이끌어 내어 약속의 땅, 시온 산 즉 현재의 예루살렘으로 그들을 인도하셨다. 다른 하나는 이스라엘을 의의 생명의 길로 그들을 이끌어 내셨다.

유목민이 이정표를 무시하고 걸으면, 길을 잃고 만다. 유목민이 이정표를 찾기 위해 노력하듯이, 우리도 또한 우리의 삶의 이정표를 찾으려고 노력해야 한다. 하나님의 명령, 이정표를 적극적으로 찾고 삶에 적용해야 한다.

제13장 목자

제13장 목자

여호와는 나의 목자시니 (시편23편 1절)

성경 안에서 하나님께 대한 묘사는 여러 가지로 표현된다. 황소, 독수리, 왕, 부모 그리고 많은 비유가 있다. 그 중에서 가장 익숙한 표현은 목자로서의 하나님이다.

히브리어 '목자'의 단어는 '라아(רעה)'이며 그것의 의미는 '보는 사람(the one who watches)이다. 또한 이 단어의 어근은 '친구(히브리어: רע 레아)' 의 의미도 가지고 있다. 상형문자로 “”로 표시하는 데 이는 사람과 사람의 눈을 의미한다.

따라서 목자의 이미지는 멀리서 통치하는 독재자의 이미지가 아니라 친구처럼 그의 양과 함께 하며 세심히 살피는 이가 목자이다. 목자는 양떼와 함께 하며 물과 꼴을 찾아다닌다. 어떻게 보면 자신의 가족들과 시간을 보내는 것보다 양떼들과 더 많은 시간을 보낸다. 하나님이 우리가 맺고 싶어하시는 관계는 이러한 관계이다. 아주 친밀하고 친구같은 보호자이며 인도자이며 공급자이시다.

양떼를 모으는 것

"qal, קל/ᒍ-ᓄ" 이라는 단어는 수평선 위에 태양과 목자의 지팡이가 합쳐진 단어이다. 두 글자가 합쳐져서 '지팡이로 모으다'라는 의미를 지니게 되었다. 들판에서 해가 넘어갈 즈음에 목자는 양떼를 모아서 우리안으로 들인다(역자 주). 여기서 파생된 단어가 콜인데 이는 목소리로 목자가 양들을 부르는 소리이다. 여기서 파생된 다른 단어는 "카할"(קהל)인데 이는 '모으다'라는 의미를 가지는 데 성경 안에서 '회중' 또는 '무리'를 나타낼 때 이 단어를 쓴다.

신명기5:22 여호와께서 이 모든 말씀을 산 위 불 가운데, 구름 가운데, 흑암 가운데에서 큰 음성으로 너희 총회(קהל, a gathering flock)에 이르신 후에 더 말씀하지 아니하시고 그것을 두 돌판에 써서 내게 주셨느니라

앞의 본문에서 우리는 분명히 양떼를 부르는 목자의 이미지를 볼 수 있다. 야훼의 목소리가 산에서 내려올 때, 모든 이스라엘은 그의 말씀들을 듣기 위하여 모였다.

예수님(예수아)도 또한 자신을 그의 양떼를 부르는 목자로 나타내신다.

요한복음10:27 내 양은 내 음성을 들으며 나는 그들을 알며 그들은 나를 따르느니라 10:28 내가 그들에게 영생을 주노니 영원히 멸망하지 아니할 것이요 또 그들을 내 손에서 빼앗을 자가 없느니라

예수 그리고 그의 회중

BC 250년 경에 구약은 칠십인경(LXX)로 불리는 헬라어 성경으로 번역이 되었다. 여기서 번역자들은 카할을 번역할 때 에클레시아로 번역을 했는 데 이 단어는 신약에서 '교회'를 지칭할 때 사용되었다.

마태복음16:18 또 내가 네게 이르노니 너는 베드로라 내가 이 반석 위에 내 교회를 세우리니 음부의 권세가 이기지 못하리라

예수님께서 부르신 교회는 그가 살피시고 보호하시고 돌보시는 그의 무리이다. 그는 그의 양떼의 목자이시며 친구이시며 동행자이시다.

훈련

히브리어로 '훈련'이라는 의미를 지닌 단어들을 살펴보고자 한다. 이러한 단어들을 히브리적 사고로 살펴볼 때 우리는 구체적으로 그것을 이해하고 알게 될 것이다. 'לם(lam)'이라는 어근에서 למד(라마드)가 왔다. 이 두 단어는 모두 목자의 지팡이를 말한다. 이 막대를 가지고 목자는 항상 들고 다니면서 길을 인도하고 가리키고 양떼를 보호한다. 이 막대를 가지고 양떼를제대로 따르지 않는 양을 밀어내기도 하고 당기기도 했다.

신명기4:10 네가 호렙 산에서 네 하나님 여호와 앞에 섰던 날에 여호와께서 내게 이르시기를 나에게 백성을 모으라 내가 그들에게 내 말을 들려주어 그들이 세상에 사는 날 동안 나를 경외함을 배우게 하며 그 자녀에게 가르치게 하리라 하시매

이러한 형태의 훈련은 학생/자녀/양들을 정확한 방향으로 끌고 가는 것이다.

두번째 단어는 '알랍(אלף)'이다. 이 단어는 직역하면 두 황소를 함께 멍에를 지우는 것이다.

잠언 22:24 노를 품는 자와 사귀지 말며 울분한 자와 동행하지 말지니 22:25 그의 행위를 본받아 네 영혼을 올무에 빠뜨릴까 두려움이니라

다음 단어는 '(יסר)yasar'이다. 이 단어는 '(סר/ 𐤓𐤎- sar)'이라는 단어에서 왔다. 상형문자에서 볼 수 있듯이 이 단어는 '가시'와 '사람의 머리'가 합쳐진 단어이다. 가시를 보면 사람은 돌이킨다. 이에 이 글자가 합쳐져서 '사람의 방향을 바꾸다'라는 의미를 가지게 되었다. 이러한 형태의 훈련은 채찍이나 단어들로 학생/자녀의 방향을 바꾸기 위해서 훈련을 가한다.

잠언 29:17 네 자식을 징계(יסר)하라 그리하면 그가 너를 평안하게 하겠고 또 네 마음에 기쁨을 주리라

마지막 단어는 'shanan(שׁנן)'이다. 문자 그대로 번역하면 이 단어는 '날카롭게 하다'이다. 칼을 날카롭게 만들기 위해서는 그것을 돌에다가 주의깊게 계속해서 문질러야 한다. 학생이나 아들은 이렇게 자신들의 기술을 날카롭게 한다. 학생/자녀의 의무는 살아남기 위해서 필요한 이러한 기술들을 배우고 발전시키는 것이다.

신명기 6:6 오늘 내가 네게 명하는 이 말씀을 너는 마음에 새기고 6:7 네 자녀에게 부지런히 가르치며 집에 앉았을 때에든지 길을 갈 때에든지 누워 있을 때에든지 일어날 때에든지 이 말씀을 강론할 것이며

하나님은 이러한 네 가지의 원칙들을 그의 자녀이며 그의 제자인 우리에게 사용하신다. 우리는 그로부터 배워야 하며 그의 방법을 따라야 한다. 하나님의 방식으로 우리는 우리의 자녀들을 키워야 한다.

제14장 창조자

제14장 창조자

이사야40:28 너는 알지 못하였느냐 듣지 못하였느냐 영원하신 하나님 여호와, 땅 끝까지 창조하신 이는 피곤하지 않으시며 곤비하지 않으시며 명철이 한이 없으시며

창조주는 신학적으로 무에서 어떤 것을 만들어 낸 이로 이해되어져 왔다. 서론부분에서 다루었던 "창조주"로 번역된 히브리어 단어는 "보레이(בורא)"인데 이는 문자적으로 번역하면 "살찌게 하는 존재이다". 이 단어에 대한 문화적 배경을 이해하지않고서는 하나님이 하늘과 땅을 살찌게한다는 생각은 서양의 사고에는 어색하다. 이전에서 살펴보았듯이 히브리인들은 모든 사물들을 추상적이기보다는 구체적인 개념으로 본다. "창조주" 또는 "창조하는 이"는 히브리인들이 이해할 수 없는 추상적인 개념이다.

우리가 가지는 서구적인 개념에서는 하나님의 창조이야기를 그의 명령에 의한 이야기로 읽는다. 이것은 창세기의 저자가 1장에서 의도한 것이 아니다. 이러한 오해는 창세기 1장 1절의 "바라(ברא)"에서부터 시작한다.

창1:1 태초에 하나님이 천지를 창조하시니라

"창조하다"로 번역된 "바라(ברא)"는 "바르(בר)"라는 어근에서 출발한다. "바르"는 곡식을 의미한다. 곡식은 히브리인들에게 아주 중요한 산물이다. 그것들은 빵을 만들고 가축들을 먹이는 데 사용되었다.

가축의 먹이로 사용되던 곡식은 가축들을 살찌게도 하기에 "지방" 또는 "살찐"의 의미를 가지게 되었다. "바르"에서 출발한 "바라"는 이에 다음 구절에서 볼 수 있듯이 살찐의 의미를 가지기도 한다.

창세기 41:4 그 흉하고 파리한 소가 그 아름답고 살진 일곱 소를 먹은지라 바로가 곧 깨었다가

살찐 소는 가득찬 것을 의미한다. 이에 "바라"는 채우다를 의미할 수도 있다. 히브리적 사고로 창세기 1장의 1, 2절을 읽을 때 우리는 이러한 이미지를 분명히 볼 수 있다.

태초에 하나님께서 하늘과 땅을 가득 채우셨다. 왜냐하면 그 땅은 비어있었고 채워지지 않았기 때문이다 (창세기 1:1-2절)

이렇게 하늘과 땅을 채우는것은 창조의 날들 가운데 히브리 시안에서 쓰여져 있다. 처음의 세 날은 하늘과 땅을 분리하는 것을 묘사하고 나머지 세 날은 그 만들어진 공간을 채우는 것으로 묘사된다.

첫째 날은 빛과 어두움을 분리하였는 데 이와 대칭되는 넷째 날에서는 빛과 어두움은 태양과 달로 채우지게 된다. 두번째 날은 물과 하늘의 창조인데 그것은 다섯째 날과 대칭을 이루며 그것은 물고기 그리고 새들로 채워지게 된다. 셋째 날은 물과 땅의 분리인데 대칭되는 여섯째 날에서 땅은 짐승과 사람으로 채워지게 된다.

"보레이(**בורא**)"는 "바라(**ברא**)"라는 단어에서 출발하는 데 이는 문자적으로 번역하면 "창조주"라기 보다는 "채우는 이"를 의미한다. 창조 이야기에서 볼 수 있듯이, 하나님은 물, 하늘 그리고 땅을 채우는 분이다.

제15장 질투하시는 하나님

제15장 질투하시는 하나님

출34:14 너는 다른 신에게 절하지 말라 여호와는 질투라 이름하는 질투의 하나님임이니라

서구적인 관점으로 하나님의 이름이 질투라는 것은 조금은 이상하다. 히브리어로 질투하다는 '카나(קנא)'이다. 우리가 이해하는 질투는 배우자가 불성실한 행위를 할 때 나타나는 분노를 가리켜 질투라고 한다. 앞으로 살펴볼 것이지만 히브리 단어는 매우 다른 의미를 가지고 있다.

둥지

'카나(קנא)'의 어근은 '켄(קן)'인데 둥지를 의미한다.

신명기32:11 마치 독수리가 자기의 보금자리를 어지럽게 하며 자기의 새끼 위에 너풀거리며 그의 날개를 펴서 새끼를 받으며 그의 날개 위에 그것을 업는 것 같이

첫번째 글자는 수평선에 태양이 걸려 있는 모양이다. 일출이나 일몰 때 빛은 수평선에 모인다. 두번째 글자는 싹을 틔우는 씨앗을 상징한다. 모체 식물로부터 새로운 생명이 시작된다. 이 두글자가 합쳐져서 "씨를 찾아서 모여드는 것"이라는 의미이다. 새는 자기의 새끼들을 위해서 둥지를 건축하기 위한 재료를 모으기 위하여 돌아다닌다.

많은 단어들이 "켄"으로부터 도출되었는 데 많은 것들이 둥지를 건축하는 것과 연관이 되어 있다.

건축자

"카나"(קנה)라는 단어는 어미 새들이 둥지를 건축하는 것을 의미한다.

"창세기14:19 그가 아브람에게 축복하여 이르되 천지의 주재이시요 지극히 높으신 하나님이여 아브람에게 복을 주옵소서"

어떤 번역들은 위의 구절을 "하늘과 땅의 창조주"라고 번역한다. 고대 히브리인들은 하나님을 어떤 알지 못하는 이유로 보이지 않는 힘으로 우주를 창조하는 이로 보지 않는다.

하나님은 그의 자녀들을 위한 집을 세우기 위한 필요한 재료들을 모으기 위하여 돌아다니는 새와 같은 분이다. 사람은 창조의 부가물로 만들어 진것이 아니다. 세상이 인간을 위한 집으로 만들어 진 것이다.

보호자

켄(קן)으로부터 파생된 다른 단어는 카나(קנא)이다. 이 단어는 서두에서 소개한 "질투"로 번역된 단어이다.

이 단어의 의미는 부모가 자신의 둥지의 새끼들을 보호하기 위하여 가지는 열정을 말한다. 서구적인 사고에서 "질투하는 하나님"이라는 것은 그가 우리들에게 가지시는 감정과 행동들로 생각한다. 하지만 그것은 그가 우리의 적들에게 가지시는 감정과 행동들이다. 이단과 잘못된 신들은 둥지를 침투하는 적들과 같다. 하나님은 그의 자녀들을 그들이 잡아가지 못하게 보호하시기 위해서 싸우신다.

제16장 영원하신 하나님

제16장 영원하신 하나님

시편90:2 산이 생기기 전, 땅과 세계도 주께서 조성하시기 전 곧 영원부터 영원까지 주는 하나님이시니이다

히브리어 단어 '올람'(עולם)은 자주 '영원한' 또는 '영속하는' 등의 의미로 번역된다. 하지만 이 단어 또한 원래의 히브리적 의미를 놓치고 있다. '올람'의 히브리적 의미는 '수평선 너머'이다. 사람이 이해할 수 있는 범위를 넘어서는 것을 말할 때 히브리적 표현은 '수평선 너머'이다. 이것이 바로 '올람'이다.

다시 말해 자신의 이해나 세계를 넘어서는 것을 '올람'(עולם)이라고 한다. 따라서 영원하신 하나님이라고 번역되기 보다는 '우리의 이해를 넘어서는' 하나님이라고 번역하는 것이 더 정확한 번역일 것이다.

히브리어에서는 최상급의 표현이 영어나 한국어와는 틀리다. 예를 들어 '만왕의 왕'이라는 말은 히브리적 표현의 Superlative(최상급) 표현의 방법이다.

'만왕의 왕'이라는 것은 왕들 중의 왕이라는 의미보다는 '최고의 왕'이라는 뜻이다. 히브리적 문법용법은 우리가 익숙한 영어나 한국어의 문법과 조금 차이가 있다. 또 다른 예를 들자면 히브리어에서 모든 것을 의미하는 표현을 말하고자 할 때 자주쓰는 방식이 'Merismus'이다.

창세기1:1 태초에 하나님이 천지를 창조하시니라

139:1 여호와여 주께서 나를 살펴 보셨으므로 나를 아시나이다
139:2 주께서 내가 앉고 일어섬을 아시고 멀리서도 나의 생각을 밝히 아시오며
139:3 나의 모든 길과 내가 눕는 것을 살펴 보셨으므로 나의 모든 행위를 익히 아시오니
139:4 여호와여 내 혀의 말을 알지 못하시는 것이 하나도 없으시니이다
139:5 주께서 나의 앞뒤를 둘러싸시고 내게 안수하셨나이다
139:6 이 지식이 내게 너무 기이하니 높아서 내가 능히 미치지 못하나이다
139:7 내가 주의 영을 떠나 어디로 가며 주의 앞에서 어디로 피하리이까
139:8 내가 하늘에 올라갈지라도 거기 계시며 스올에 내 자리를 펼지라도 거기 계시니이다 (시편139:1-8)

두 가지 상대적인 것을 가지고 모든 것을 표현하는 방식이다. 즉, 하나님이 하늘과 땅을 창조하셨다는 것은 하늘과 땅 그리고 그 안에 있는 모든 것을 창조하셨다는 의미인 것이다. 다윗이 말하는 '주께서 나의 앉고 일어섬을 아신다'는 의미는 그가 나의 모든 것을 아신다는 뜻이다. 시편 139편에는 이러한 예시가 많이 나타난다.

하나님은 사람이 이해할 수 있는 범위를 넘어서는 분이시기에 하나님이신 것이다. 사람이 하나님을 이해할 수 있다는 그 분은 하나님이 아닌 것이다. 그러기에 하나님은 우리에게 그분을 믿고 순종할 것을 요구하신다. 우리가 그 분을 온전히 이해하고 믿기는 불가능할 것이다.

제17장 거룩한

제17장 거룩한

레위기19:2 너는 이스라엘 자손의 온 회중에게 말하여 이르라 너희는 거룩하라 이는 나 여호와 너희 하나님이 거룩함이니라

거룩으로 번역되는 히브리어 단어는 '카도쉬(קדוש)'이다. 그리고 이것의 어근은 '카다쉬(קדש)'이다. 하지만 이 단어의 히브리적 사고의 의미는 일반적으로 번역되는 '경건한' 또는 '의로운' 등의 의미로 쉽게 잃어버리고 말았다.

신명기23:17 이스라엘 여자 중에 창기가 있지 못할 것이요 이스라엘 남자 중에 남창이 있지 못할지니

NAS Deuteronomy 23:17 "None of the daughters of Israel shall be a cult prostitute, nor shall any of the sons of Israel be a cult prostitute.

NLT Deuteronomy 23:17 "No Israelite, whether man or woman, may become a temple prostitute.

본문에서 '카도쉬는 '성전'으로 번역되어 있다. 우리는 아무도 '매춘부'를 거룩하다고 생각하지 않는다. 히브리적 의미에서 '카도쉬'는 어떤 특별한 용도를 위해서 구별되어지는 것을 의미한다.

출40:9 또 관유를 가져다가 성막과 그 안에 있는 모든 것에 발라 그것과 그 모든 기구를 거룩하게 하라 그것이 거룩하리라

성막 안의 가구들이 그 자체로 거룩할 수는 없다. 하지만 그 의미는 하나님의 제사를 위하여 특별히 구별되어 졌다는 의미이다. 하나님은 모든 다른 신들과는 구별되신다.

사무엘상2:2 여호와와 같이 거룩하신 이가 없으시니 이는 주 밖에 다른 이가 없고 우리 하나님 같은 반석도 없으심이니이다

성도가 거룩한 이유도 바로 세상에서 구별되어 졌기 때문이다. 하지만 세상과 구별된 삶을 살지 않는 다면 그는 거룩한 백성이라고 할 수 없을 것이다.

결론

결 론

하나님의 호흡, 그의 인격 또는 그의 이름은 하나의 조화를 이루며 일체적으로 작용한다. 성경 전체를 통하여 우리는 다양한 하나님의 조명과 증거들을 볼 수 있었다. 불같은 것은 따뜻함을 제공하고 구름은 그늘을 제공하며 숫소는 어린 소를 가르치고 어미새는 그것의 새끼를 보호하고 목자는 그양을 지킨다. 하나님은 많은 이름을 가지고 있지만 그의 이름은 하나이다. 하나님의 많은 특징과 속성들이 하나로 일체적으로 작용하는 것이다. 이 책의 목적은 단지 하나님의 속성들만을 보여주고자 하는 것이 아니다. 사람도 잠재적으로 그러한 특징들을 가지고 있다.

사람을 채우고 있는 것

창1:27 하나님이 자기 형상 곧 하나님의 형상대로 사람을 창조하시되 남자와 여자를 창조하시고

위의 구절에서 창조하다는 말은 '아무 것도 없는 것에서 만들었다'는 의미가 아니다. 왜냐하면 아래의 다른 구절과 상충되기 때문이다.

창2:7 여호와 하나님이 땅의 흙으로 사람을 지으시고 생기를 그 코에 불어넣으시니 사람이 생령이 되니라

하나님은 사람을 아무것도 없는 無에서 만드시지 않았다. 그는 대신에 흙으로부터 사람을 만드셨다.

하나님은 사람을 그의 형상(첼렘, צלם)으로 만드셨는데 이 '첼렘'은 다른 구절에서는 '우상'으로도 번역된다. 그런데 히브리 사고로 더 정확한 표현은 '그림자'일 것이다. 사람은 하나님의 모습을 지닌 하나님의 그림자이며 모형이다. 이러한 개념으로 창세기1:27절은 아래와 같이 번역될 수 있다.

"그래서 하나님은 그의 그림자로 사람을 채웠다. 하나님의 형상으로 그를 채웠고 남자와 여자를 채웠다."

사람은 땅의 먼지로부터 지음을 받았다. 하지만 다른 짐승들과는 다르게 하나님의 형상/그림자로 채워졌다. 하나님 안에 있는 모든 것이 우리 사람 안에서 복사되어졌다고 할 수 있다. 사람의 전체적인 특성 및 인격은 하나님의 그림자로 작용하도록 의도되어졌다. 우리는 하나님을 닮아서 만들어졌다. 하나님은 자신의 특징과 성격들을 사람안에 담으셨는 데 그것은 그의 이름을 사람안에 담으셨다고 표현할 수 있겠다. 하나님의 이름, 인격 등을 분명하게 이해하게 된다면 인간인 우리자신에 대한 이해도 마찬가지로 분명해 질 수 있다. 왜냐하면 사람은 하나님의 그림자로서 만들어졌기 때문이다.

잠언22:1 많은 재물보다 명예를 택할 것이요 은이나 금보다 은총을 더욱 택할 것이니라 (개역개정)

Proverbs 22:1 A good name is rather to be chosen than great riches, and loving favour rather than silver and gold. (KJV)

예수

골로새서1:15 그는 보이지 아니하는 하나님의 형상이시요 모든 피조물보다 먼저 나신 이시니

요한복음5:19 그러므로 예수께서 그들에게 이르시되 내가 진실로 진실로 너희에게 이르노니 아들이 아버지께서 하시는 일을 보지 않고는 아무 것도 스스로 할 수 없나니 아버지께서 행하시는 그것을 아들도 그와 같이 행하느니라

예수님은 하나님을 온전히 드러내는 분으로 오셨다. 예수님은 인간의 모범이시며 그가 살아가신 모든 삶이 인간이 살아가야 할 인생의 모범 답안이라고 할 수 있다. 그의 삶은 또한 완벽하게 하나님의 형상/이미지/그림자의 모습을 드러낸 것이라고 특징지을 수 있을 것이다.

예수님은 우리에게 우리 안에 감추어진 잠재적인 능력을 가르쳐 주시기 위하여 이 땅에 오셨다. 우리는 그의 발자취를 따라 갈 수 있고 심지어 그가 행하신 일보다도 더 큰 일도 행할 수 있다고 말씀하셨다.

요한복음14:12 내가 진실로 진실로 너희에게 이르노니 나를 믿는 자는 내가 하는 일을 그도 할 것이요 또한 그보다 큰 일도 하리니 이는 내가 아버지께로 감이라

사람 안에 있는 하나님의 특징

성경안에서 우리 각자는 하나님의 특징들을 나타내는 우리자신들을 볼 수 있다. 한 집안의 가장은 그의 가족에 대하여 하나님처럼 닮은 많은 특징들을 보여준다. 그는 '엘'(אל 나이많고 경험이 많은 숫소)로서 그의 자녀들에게 멍에로 묶여서 많은 것을 가르쳐준다. '아돈'(אדון 주인)으로서는 자신이 일함으로 가르침으로 결정을 내림으로써 가정에 생명을 가져다 준다.

'멜라크'(מלאך 메신저)로서는 하나님의 메세지를 그의 가족들에게 전달하는 의무를 가지고 있다. 그는 '메시야'(מושיע 구원자)로서 글자그대로 아니면 비유적으로든 가족들을 악으로부터 지켜낸다. 그는 '보레이'(בורא 창조주)로서 새로운 생명을 가정을 통해서 낳는다. 그는 '질투하는 이(קנה)'로서 그의 가정을 지켜낸다. 그는 세상에서 '카도쉬'(קדוש 구분된 자)로서 하나님과 그의 가르침에 헌신한다.

이미 우리 안에는 많은 하나님의 특징들이 존재한다. 우리는 더더욱 하나님과 친밀히 함으로써 하나님의 아름다운 것들이 우리안에서 넘쳐나도록하는 삶을 살아내야 할 것이다.

부록

Hebrew Alphabet

Name	Sound	Script	Picture	Meaing	
Aleph	a	א		황소	강함, 지도자
Beyt	b, bh	ב		천막	가족
Gimel	g	ג		발	모으다, 걷다
Dalet	d	ד		문	이동하다, 들어가다
Hey	h, e	ה		손을듬	보다, 숨쉬다
Waw	w, o, u	ו		천막 쐐기	더하다, 보호하다
Zayin	z	ז		곡갱이	음식, 자르다
Hhet	hh	ח		천막의벽	밖, 절반
Tet	t	ט		광주리	포함하다
Yud	y, i	י		손	일하다, 던지다
Kaph	k, kh	כך		손바닥	구부리다, 길들어진
Lamed	l	ל		지팡이	가르치다
Mem	m	מם		물	혼란, 힘이 센
Nun	n	נן		씨	지속하다
Samech	s	ס		가시	미워하다, 보호하다
Ayin	gh	ע		눈	보호하다, 알다
Pey	p, ph	פ ף		입	불다, 모서리
Tsade	ts	צ ץ		사람이 옆으로 누음	사냥하다
Quph	q	ק		태양	진한, 원
Resh	r	ר		머리	첫번째
Shin	sh, s	שׁ		이빨	날까로운, 두개의
Tav	t	ת		십자가	표시, 신호

참고문헌

Ancient Alphabets and Inscriptions

_ "Writing," Smith's Bible Dictionary, 1987 ed.: 327.
_ "Alphabet," The New Westminster Dictionary of the Bible, 1976 ed.: 30.
_ "Writing," NIV Compact Dictinary of the Bible, 1989 ed.: 632-3.
_ "Archeology and the Bible," The Lion Encyclopedia of the Bible, 1986.: 38.
_"Writing," The New Harper's Bible Dictionary, 1973 ed.: 829.
_E. Raymond Capt, Missing Links Discovered in Assyrian Tablets (Thousand Oaks, Ca: Artisan Sales, 1985) 24, 44.
_ Ernst Doblhofer, Voices in Stone (New York, Viking Press, 1961) 35
_ Emily Vermeule, Greece in the Bronze Age (Chicago, Ill. The University of Chicago Press, 1964)

Hebrew Culture

_William Smith, Smith's Bible Dictionary (Grand Rapids, Mi.: Zondervan, 1948)
_J.I. Packer, Merril C. Tenney, William White, Jr., Nelson's Illustrated Encyclopedia of Bible Facts(Nashville: Thomas Nelson, 1995) Madelene S. Miller and J. Lane Miller, Harper's Bible Dictionary, (New York, Harper, 1973)
_Merril F. Unger, Unger's Bible Dictionary, (Chicago, Moody, 1977)
_Henry H. Halley, Halley's Bible Handbook (Grand Rapids, Mi: Zondervan, 24th)
_The New Westminster Dictionary of the Bible (Philadelphia, Westminster, 1976)
_NIV Compact Dictionary of the Bible, (Grand Rapids, Zondervan, 1989)
_The Lion Encyclopedia of the Bible, (Tring England, Lion, new rev. ed. 1986)
_Fred H. Wright, Manners and Customs of Bible Lands (Chicago: Moody, 1983)
_Madeleine S. Miller and J. Lane Miller, Encyclopedia of Bible Life (New York: Harper & Brothers, 1944)
_Holman Bible Dictionary, (Nashville, Holman, 1991)
_Mary Ellen Chase, Life and Language in the Old Testament (N.Y., W. W. Norton and Company Inc. 1955)
_Emmanuel Anati, Palestine before the Hebrews (N. Y., Alfred A. Knopf, 1963)

_Donald Powell Cole, Nomads of the Nomads, (Arlington Heights, Ill., Harland Davidson, Inc., 1975)

Word Studies

_James Strong, New Strong's Concise Dictionary of the Words in the Hebrew Bible, (Nashville, Nelson, 1995)
_W. E. Vine, Merrill F. Unger, William White, Vine's Expository Dictionary of Biblical Words, (Nashville, Nelson, 1985)
_Benjamin Davidson, The Analytical Hebrew and Chaldee Lexicon, (London, Samuel Bagster)
_Ehud Ben-Yehuda, David Weinstein, English-Hebrew Hebrew-English Dictionary, (N. Y., Washington Square Press, Inc., 1961)

Hebrew Thought

_Mary Ellen Chase, Life and Language in the Old Testament (N. Y., W. W. Norton and Company Inc., 1955)
_Thorleif Boman, Hebrew Thought Compared with Greek (N.Y., W. W. Norton and Company, 1960)
_Jeff A. Benner, The Ancient Hebrew Language and Alphabet (Reading, Pa, Ancient Hebrew Research Center, 00)

Hebrew Language

_Gesenius' Hebrew Grammar, (London, Oxford Press, 2nd English Ed. 1910)
_William R. Harper, Elements of Hebrew, (N.Y., Charles Scribner's Sons, 1895)
_Edward Horowits, How the Hebrew Language Grew (KTAV, 1960)
_Jeff A. Benner, The Ancient Hebrew Language and Alphabet (Reading, Pa. Ancient Hebrew Research Center, 00)

Ancient Language and Origins

_Charlton Laird The Miracle of Language (Greenwich Conn., Fawcett, 1953)
_Giorgio Fano, The Origins and Nature of Language, (Bloomington In., Indiana University Press, 1992)

_Jeff A. Benner, The Ancient Hebrew Language and Alphabet (Reading, Pa. Ancient Hebrew Research Center, 00)

Bibles

_Biblia Hebraica Stutbartensia
_The Holy Bible, New International Version (Grand Rapids, Zondervan Bible Publishers, 1973, 1978, 1984)
_The Holy Bible, King James Version